AF289426

Klein - Riese
Trekking in Sikkim und Darjeeling

Selbstverlag klein-riese

Zu diesem Buch

Dieser Bericht beinhaltet diverse Tipps und allgemeine Informationen zu Vorbereitung, Anreise, Hotels, Restaurants, Sikkim-Visum und sonstigen Formalitäten. Stationen der Reise waren Darjeeling, Gangtok, Kalimpong und Neu Delhi, der Schwerpunkt des Buches liegt aber auf der Schilderung zweier mehrtägiger Treks in der Nähe von Darjeeling und im Westen Sikkims. Dieses Buch soll und kann einen guten Reiseführer nicht ersetzten, bietet aber zeitnahe Informationen aus Erster Hand. Es ist unvollständig, 100% subjektiv und voller Rechtschreibfehler.

Zum Autor

Heiko war mein Reisebegleiter auf dieser außergewöhnlichen Reise, von der ich schon lange geträumt hatte. Was ich nie zu träumen gewagt hätte, ist die Entstehung dieses Buches: Heiko begann seine Erinnerungen niederzuschreiben und im Internet zu veröffentlichen. Schnell wurde mir klar, dass der langhaarige Informatiker, mit dem ich gerne zusammenlebe, neben vielen anderen Fähigkeiten ein außergewöhnliches Talent hat, seine Gedanken sehr lebendig zu Papier zu bringen. Obwohl der Text ein persönlicher Bericht ist, bietet er auch viele aktuelle Informationen: in unserem Urlaub hat Heiko alle Rechnungen, Broschüren und andere exotische Texte gesammelt und mit nach Hause gebracht. Später hat er die gesammelten Angaben bei seinen Schilderungen berücksichtigt. Der hier nun vorliegende Text eignet sich hervorragend dazu, ergänzend zu einem Reiseführer gelesen und mitgenommen zu werden. Was bleibt sonst über den Autor zu sagen? Alle Kritik und jedes Lob zum Thema Essen ist sehr ernst zu nehmen: Heiko isst gerne, viel und am liebsten gut. – Alles weitere verrät er selbst auf den folgenden Seiten.

Heiko Klein und Sabine Riese

Trekking in Sikkim und Darjeeling

Bericht über eine 4-wöchige Reise in den Nordosten Indiens

Selbstverlag klein-riese

Falls nicht ausdrücklich anders vermerkt,
stammen alle Fotos aus dem persönlichen Besitz der Autoren.

Karten mit freundlicher Genehmigung von
Lonely Planet Publications.
Sikkim: *Trekking in the Indian Himalaya (3rd edition), Seite 249*
Darjeeling Treks*: Indian Himalaya (1st edition), Seite 412*

Die Deutsche Bibliothek –CIP-Einheitsaufnahme

Klein, Heiko:
Trekking in Sikkim und Darjeeling : Bericht über eine 4-wöchige Reise in den
Nordosten Indiens / Heiko Klein ; Sabine Riese. - Oberursel : Klein-Riese;
Norderstedt : Books on Demand, 2001
    ISBN 3-8311-2417-5

Originalausgabe
©2001 Heiko Klein und Sabine Riese, Oberursel
Das Werk ist urheberrechtlich geschützt. Sämtliche, auch auszugsweise
Verwertungen bleiben vorbehalten.

Einbandgestaltung und Satz: Heiko Klein
Lektorat: Sabine Riese
Druck und Verarbeitung: Books on Demand GmbH

Printed in Germany
ISBN 3-8311-2417-5

Informationen zu diesem Buch finden Sie im Internet unter:
http://www.klein-riese.de/
Email: info@klein-riese.de

Für alle Tibeter, die unsere Reise zu einem unvergesslichen Erlebnis gemacht haben. Für ein Volk im Exil.

INHALTSVERZEICHNIS

Eigentlich wollte ich ja nur unsere Reiseerlebnisse irgendwie dokumentieren. Ich begann also direkt nach dem Urlaub unsere Geschichten im Internet zu veröffentlichen. Es machte mir riesigen Spaß alle ein bis zwei Wochen ein neues Kapitel zu veröffentlichen und die Resonanz von Freunden, aber auch ganz unbekannten Personen spornte mich an, immer weiter zu machen. Nachdem unsere Seiten aus unterschiedlichen Gründen zweimal umziehen mussten brauchten wir eine eigene Domäne, es wurde langsam Ernst. Die Domäne klein-riese.de war schnell beauftragt und der Bericht mit vielen Bildern und weiterführenden Links ist seit diesem Augenblick unter http://reisebericht.klein-riese.de/ erreichbar. Der Text wurde immer länger und es wurde für die Besucher immer schwieriger, den ganzen Bericht online zu lesen. Die Idee ein Buch zu veröffentlichen wurde geboren. Problematisch beim üblichen Selbstverlag sind zum einen die sehr hohen Produktionskosten, aber auch die Vermarktung und die Auslieferung. Libri *Books on demand* war meine Rettung. *Books on demand* bietet einen übersichtlichen Kostenrahmen, einen großen Gestaltungsfreiraum und die Bestellung und Auslieferung werden organisiert. Ein richtiges Buch fürs kleine Geld. Nachdem der Internet-Bericht fertig war, machte ich mich also an das Buchlayout und Sabine übernahm die Rolle der Lektorin. Es mussten noch einige technische Hindernisse überwunden werden, doch irgendwie haben wir es doch geschafft. Das Buch ist fertig.

Sabine & Heiko

Sabine und ich, wir beide um 30 Jahre alt, 65-75kg schwer und 1,80 - 2,00m groß, hatten uns also entschlossen nach Indien zu reisen. Sabine, weil sie sich einen Kindheitstraum verwirklichen wollte, und ich, weil ich mal richtig hohe Berge sehen und diese auch erklimmen wollte. Ich muss ergänzen, dass wir aus dem Rhein-Main-Gebiet kommen, und die höchste Erhebung dieses Gebietes, der Feldberg, noch nicht einmal 1.000m erreicht.

Ich selbst hatte einige Jahre zuvor Thailand bereist, für Sabine war es die erste Reise in den asiatischen Raum. Um die Zeitangaben speziell bei den Trekking-Touren richtig bewerten zu können, muss ich noch hinzufügen, dass wir beide recht sportlich sind, schon einen Triathlon bzw. Marathon erfolgreich absolviert haben, die 10km Lauf-Distanz in 40-50 Minuten schaffen und absolute Nichtraucher sind (Sabine, ich bin stolz auf Dich). Unser Lauftreff heißt Passtschon98.

Nachdem wir also unterschiedlichste Quellen studiert hatten, lag eine grobe Planung vor. Darjeeling sollte unser erstes Ziel sein und als Ausgangsort für den ersten Trek sowie für weitere Exkursionen dienen. Dann sollte es weiter nach Sikkim gehen, mit dem Ziel, auch dort eine geeignete Trekking-Tour zu finden. Außerdem freuten wir uns auf die indischen Gerichte, denn Essen in guter Qualität und ausreichender Quantität ist für uns im Alltag, aber gerade auch auf Reisen, sehr wichtig.

Vorbereitung

Das Indien-Visum (Stand Oktober 2000 95,-DM) bekamen wir direkt beim Generalkonsulat in Frankfurt. Morgens beantragt – Nachmittags abgeholt. Auf die Frage nach einem Special Permit für Sikkim händigte uns der freundliche Konsulatsangestellte ein weiteres Formular aus, welches, ergänzt durch weitere 60,-DM, uns die Einreise ermöglichen sollte. Da wir aber weder in der Lage waren diesen Betrag sofort zu entrichten, noch genau wussten, wann wir nach Sikkim kommen würden und wohin uns unsere Reise bringen würde (beide Fragen sollten wir auf dem Formular beantworten) entschieden wir uns gegen das Sikkim-Visum. Der Angestellte bestätigte unsere Vermutung, dass wir auch in Darjeeling ein Permit für Sikkim erhalten würden.

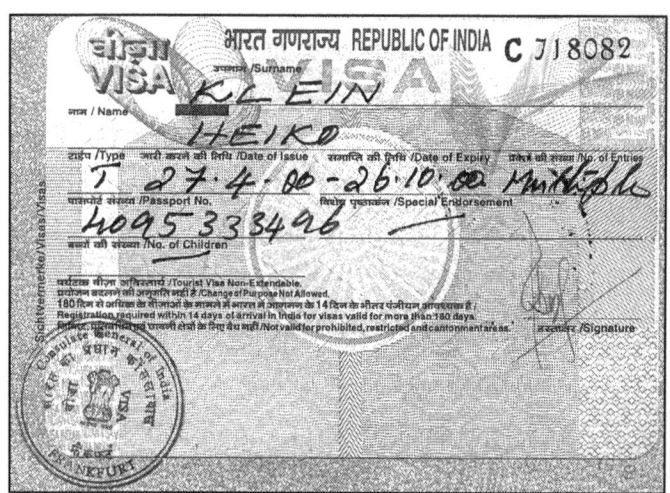

Wir buchten einen Flug mit GULF AIR von Frankfurt über Abu Dhabi nach Neu Delhi und zurück (Kosten pro Ticket 1.200,-DM) sowie einen Inlandsflug mit Jet Airways von Neu Delhi nach Bagdogra und zurück (Kosten pro Ticket 600,-DM). Obwohl auch uns nur ein beschränktes Reisebudget zur Verfügung stand, fiel uns die Entscheidung für den doch sehr teuren Inlandsflug leicht, stand doch als weitere Alternative nur eine mehrstündige bzw. mehrtägige Bus- bzw. Zugfahrt zur Wahl.

Aus medizinischer Sicht bestand unsere Vorbereitung in der Auffrischung der üblichen Schutzimpfungen (Polio, Tetanus, Diphtherie) ergänzt durch eine Hepatitis A Schutzimpfung. Da die Malariagefahr in Höhen über 2.000m gegen Null tendiert, verzichteten wir auf jegliche Prophylaxe. Unsere Reiseapotheke bestand überwiegend aus Verbandsmaterial, Desinfektionsmittel, Tanacomp® gegen Durchfallerkrankungen (sehr zu empfehlen!), Elektrolytpulver, Drinkwell® zur Wasseraufbereitung, Sonnencreme mit unterschiedlichen Lichtschutzfaktoren und Paracetamol® als Allheilmittel gegen jede Art von Schmerz.

Wir bepackten unsere geliehenen Rucksäcke (Danke, Sven!) mit Kleidung für etwa eine Woche, Schlafsack, Regenjacke sowie jeweils einem Fleece-Pullover. Unsere Trekking-Ausrüstung bestand aus Schuhen, Funktions-Shirts und Hosen, Trinkflaschen, Kompass und ein paar landkarten-ähnlichen Dokumenten. Wie wir später erfuhren gibt es einfach keine geeignete Wanderkarte für dieses Gebiet. Da es in Darjeeling eine ausreichende Anzahl von Internet-Cafes geben sollte, aktualisierte ich das Adressbuch meines *GMX-Accounts*, um im Urlaub möglichst schnell ein erstes Lebenszeichen nach Deutschland schicken zu können. Ab hier einigten wir uns auf den Begriff Reise, da wir ahnten das wir nach diesen vier Wochen eigentlich erst mal einen Urlaub nötig haben würden.

Anreise

Mit insgesamt 25kg Gepäck, auf zwei Rucksäcke verteilt, checkten wir am 14. Mai im Flughafen Frankfurt ein und hofften, dass unser Gepäck den Zielort Neu Delhi zeitgleich mit uns erreichen wird. Der Airbus war nicht ganz ausgebucht, und der

Service des *GULF AIR* Personals aufmerksam und freundlich, so dass die erste Etappe bis Abu Dhabi recht angenehm verlief. Am Airport angekommen stellten wir leider fest, dass unser Reisebüro uns falsche Ankunftszeiten mitgeteilt hatte und sich die erwartete Aufenthaltsdauer von zwei Stunden wohl verdoppeln würde. Da es sich beim Flughafen in Abu Dhabi zwar um einen sehr feinen und netten aber auch sehr übersichtlichen um nicht zu sagen kleinen Flughafen handelt und wir nach ca. 30 Minuten auch den letzten Winkel des Gebäudes erforscht hatten, entschieden wir uns ein, wie wir annahmen, letztes Bier für diesen Urlaub zu nehmen.

Der Anschlussflug nach Neu Delhi verlief wiederum ohne Probleme, so dass wir, sehr müde aber glücklich, am frühen Morgen des 15. Mai um 6.30 Uhr zum ersten Mal indischen Boden betraten (die Zeitverschiebung beträgt 3,5 Stunden). Ich möchte nicht vergessen zu erwähnen, das sowohl Lufttemperatur als auch Luftfeuchtigkeit unserer Erwartung entsprachen, und um ein vielfaches höher waren als bei der Abreise in Frankfurt.

Die Einreiseformalitäten waren schnell erledigt, und auch unsere Rucksäcke erschienen bald auf dem Gepäckband. Wir haben Glück, alles läuft wie geplant, dachten wir. Das Ergebnis eines kurzen Funktionstests meines Rucksackes ernüchterte uns aber auf der Stelle. Der rechte Beckengurt war komplett abgerissen und auch sonst hatten wir das Gefühl, das unser Gepäck ziemlich gelitten hatte. Waren nun die schönen Pläne von Trekking-Touren im Himalaya geplatzt? Konnte ich auch ohne Beckengurt den vollgepackten Rucksack über eine größere Strecke tragen? Gab es vielleicht die Möglichkeit der Reparatur? Fragen über Fragen. Die Beantwortung dieser Fragen wurde erst einmal vertagt, da ja noch zwei weitere Etappen zwischen uns und unserem Zielort Darjeeling lagen.

Eigentlich waren es sogar drei, denn wir mussten ja noch vom International Airport zum National Airport. Wir erkundigten uns nach einer Transportmöglichkeit und erfuhren an einem offiziellen Info-Schalter, dass es einen kostenlosen Bustransfer zwischen den Terminals gibt. Voller Tatendrang verließen wir das Flughafengebäude… Erster Versuch: Kaum hatten wir das siche-

re Gebäude verlassen, stürmten mindestens zwei Dutzend hilfreicher Inder auf uns zu, um uns den richtigen Bus zu zeigen
bzw. uns davon zu überzeugen, dass ein Taxi doch viel besser
und schneller sei. Leicht irritiert und etwas entnervt schauten wir
uns gegenseitig an und gingen erst mal wieder zurück in den
ruhigen und sicheren Flughafen. (Einige werden sich jetzt Fragen warum das Flughafengebäude eine Oase der Ruhe ist? Einfache Antwort: nicht jeder darf es betreten, der Zutritt ist nur mit
Flugticket oder nach Bezahlung eines Eintrittsgeldes gestattet).
Nach etwa einer halben Stunde starteten wir den zweiten Versuch. Wir ignorierten die hilfreichen Inder so gut wie möglich
und fanden unseren Bus recht schnell auf dem Parkplatz. Außer
uns waren noch drei bis vier andere Personen an Bord, als ich
bemerkte, dass die Person vom Info-Schalter unserem Busfahrer
ein Zeichen gab, als wollte er sagen: »Alle an Board, los geht`s«,
30 Minuten später waren wir am National Airport.

<Sabine> Bereits jetzt hatte ich den Eindruck, eine vollkom-
men andere Welt zu betreten: unglaublich trockene Erde, am
Wegesrand ein Mensch der seine Morgentoilette verrichtete, ein
Pfau auf einem Pfosten…</Sabine>

Das Einchecken verlief undramatisch und es war noch genug
Zeit, um meine Schlafdefizite etwas auszugleichen. Der Service
bei Jet Airways war leider nicht ganz so gut wie bei *GULF AIR*,
aber die kurze Strecke würde es wohl gehen. Auf dem Weg nach
Bagdogra, unserem Zielflughafen, machten wir noch einen Zwischenstopp in Guwahati, der Hauptstadt von Assam. Bei diesem
Zwischenstopp bemerkten wir zum erstenmal die starke Armee-
präsenz auf indischen Flughäfen. Wegen des schlechten Wetters
in Bagdogra musste der Pilot einige Anläufe zur Landung machen und auch eine weitere Landung in Guwahati wurde nicht
ausgeschlossen. Wir landeten aber sicher und nur 30 Minuten
verspätet bei leichtem Regen in Bagdogra.

Das Flughafengebäude erinnerte auf den ersten Blick an die
etwas überdimensionierte und wenig genutzte Turnhalle einer
mittelgroßen Hintertaunus-Gemeinde. Recht großzügig in ihren
Dimensionen, aber wenig einladend zum Verbleib. Die Prozedur
des Gepäck-wieder-zurück-bekommens verlief anders als erwar-

tet, aber im nachhinein würde ich sagen sehr repräsentativ für viele andere Vorgänge während unseres Urlaubs. Das Gepäck wurde auf offenen Anhängern von einem Traktor bis zum Ankunftsgebäude transportiert, dort stürzten sich etwa 20 Personen fast alle mit blauem Einheitshemd bekleidet, auf die Anhänger um ihr Gepäckstück zu finden. Nach dem dritten oder vierten Vorgang dieser Art erkannten wir langsam die Gesetzmäßigkeiten. Man gab den Helfern den Gepäckschein und beauftragte sie damit das Gepäck zu finden und zum Taxi zu transportieren: Ganz einfach! Da wir mit dieser Vorgehensweise noch nicht richtig vertraut waren, warteten wir brav und als unser Gepäck im wahrscheinlich vorletzten Anhänger auftauchte waren wir wieder mal glücklich, denn die Reise konnte weiter gehen. Wir waren mittlerweile sehr müde und entschieden uns die letzte Etappe der Anreise an einem Stück zu absolvieren. Ein Taxi, welches uns für 600Rs in drei bis vier Stunden direkt nach Darjeeling bringen sollte, war schnell gefunden. (Rs - Indische Rupee; Stand Mai 2000 1 DM ≈ 20Rs)

<Sabine> Ein gehörloser junger Mann im blauen Hemd übernahm dann das Tragen unseres Gepäcks zum Taxi und versicherte uns immer wieder, dass alles in Ordnung sei. Er gebärdete kurz mit unserem Fahrer. Für mich war das insofern sehr interessant, als ich im Anschluss an unsere Reise eine Magisterarbeit über *Deutsche Gebärdensprache* schrieb. </Sabine>

Auf der Fahrt nach Darjeeling machten wir einige Beobachtungen zum indischen Straßenverkehr: Die Hupe ist eines der wichtigsten Teile eines Fahrzeuges, nur ihre einwandfreie Funktion gewährleistet eine sichere und schnelle Fortbewegung. Ersatzweise kann eine mitgeführte Pfeife zum Einsatz kommen. Obwohl indische Fahrzeuge selten die Geschwindigkeit von 40km/h überschreiten, wird von der Erfindung der Geschwindigkeitsreduktion durch Bodenschwellen oft Gebrauch gemacht. Es gibt drei Klassen von Verkehrsteilnehmern: LKWs, Jeeps und Taxis sowie sonstige Verkehrsteilnehmer. Fußgänger gehören selbstverständlich zur dritten Klasse.

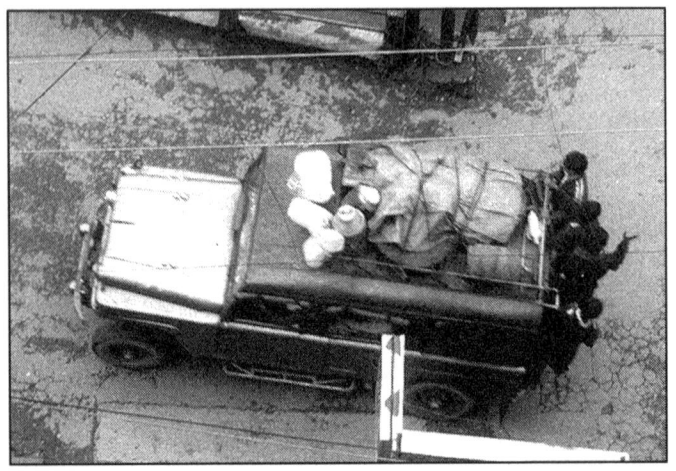

Da Sabine den größten Teil der Strecke geschlafen hat und auch ich nur stellenweise wach war, kann ich zum Streckenverlauf nur sagen: Die Strecke war sehr kurvig und es ging steil bergauf und nach etwa 3,5 Stunden kamen wir endlich in Darjeeling an.

DARJEELING I

HILLSTATION AM RANDE DES HIMALAYA

Es war mittlerweile 18.00 Uhr als wir aus dem Taxi stiegen. Darjeeling empfing uns mit einer Mischung aus schottischem Regen und englischem Nebel. Wir wollten uns schnell ein Zimmer suchen, danach noch etwas essen und dann ab ins Bett. Wir stellten recht bald fest, dass in Darjeeling Hochsaison war, denn die ersten Hotels, die wir betraten, waren ausgebucht. Nach etwa einer Stunde hatten wir dann endlich ein Zimmer im Untergeschoss eines Hotels gefunden, gut genug für eine Nacht. Den Namen des Hotels habe ich vergessen und wenn ich ihn noch wüsste, würde ich das Hotel höchstens als Notlösung weiterempfehlen. Das Hotel war ziemlich zentral gelegen, so dass wir in wenigen Minuten die Touristen-Meile von Darjeeling, die Nehru Road, erreichten.

Es war jetzt schon recht dunkel, doch die Strasse war voll von Menschen und die fliegenden Händler waren eifrig dabei ihre Waren an die überwiegend indische Kundschaft zu bringen. Wir waren scheinbar die einzigen Europäer und unsere für indische Verhältnisse enorme Größe führte dazu, dass jede unserer Handlungen interessiert verfolgt wurde. Aktuell stellte sich uns die Frage der Nahrungsaufnahme. Wir waren zwar erst einmal satt von der großen Anzahl der neuen Eindrücke, doch hungrig auf indisches Essen. Da sich unsere Experimentierfreude erst in den nächsten Wochen einstellen sollte, entschieden wir uns für eine Art indisches Schnellrestaurant. *Dosa* (Dünner Pfannkuchen mit herzhafter Füllung) war das erste indische Gericht, welches wir zu uns nahmen, und es sollte nur der Anfang einer langen Reihe von ausnahmslos leckeren und sehr bekömmlichen Gerichten sein.

<Sabine> Bei unserem ersten Gang über die Nehru Road begegneten uns viele Südinder. Frauen in bunten Saris, reich geschmückt mit Goldschmuck – Eine Form des Frau-Seins, die sich deutlich von mir unterscheidet. Ich fühlte mich richtig fremd. </Sabine>

Unser Schlaf während der ersten Nacht in Darjeeling war zwar sehr tief, aber nicht ausgesprochen lang, denn so gegen 5.00 Uhr erwachte das Hotel, vor allem das sehr laute Reinigungspersonal. Als wir wenig später geweckt wurden mit der Frage ob wir nicht ein Taxi nach ??? bestellt hätten, entschlossen wir uns aufzustehen und uns eine sympathischere Unterkunft für die nächsten Tage zu suchen. Da es aber noch früher Morgen war und wir vermuteten, dass die Suche einige Zeit und Kraft in Anspruch nehmen würde, schauten wir uns erst einmal nach einer Frühstücksmöglichkeit um.

Nur wenige Meter von unserem ersten Hotel entfernt, direkt an einem Taxi-Stand, entdeckten wir das *Dekevas Restaurant*, eine Entdeckung, welche den weiteren Verlauf unserer Reise sehr positiv beeinflussen sollte. Das Personal war uns gleich sympathisch und wir wurden sehr schnell auf ein Schild aufmerksam, welches auf ein Hotel im gleichen Gebäude verwies, das *Dekeling Hotel*. Wir fragten nach einem Zimmer und wenige Minuten später standen wir drei Stockwerke höher an der Rezeption unseres neuen Hotels. Das Zimmer mit Doppelbett und Badezimmer kostete 600Rs, und wir brauchten nicht lange, um das *Dekeling Hotel* als Ausgangsort für unsere nächsten Aktivitäten zu akzeptieren. Insgesamt sollte uns das Hotel für fast zwei Wochen als Basislager dienen. Nach dieser erfolgreichen Aktion schmeckte das Frühstück natürlich noch besser, und wir konnten ruhig und gelassen unserem ersten Tag in Darjeeling entgegensehen.

Uns wurde sehr schnell klar, dass Darjeeling im Mai und Juni ein beliebtes Urlaubsziel für wohlhabende Inder aus dem Süden ist. Speziell der Tourist aus Kalkutta, welcher in Darjeeling versucht dem sehr heißen Klima der Ebene zu entfliehen, sollte uns durch sein Aussehen und Verhalten noch öfters zum Nachdenken anregen. Dass die Stadt aus allen Nähten platzte, bewiesen sowohl die überquellenden Abwasserkanäle, als auch der Wassermangel und die zahlreichen Stromausfälle.

Unser erster Ausflug in die Strassen Darjeelings wurde mit dem Erwerb eines chinesischen Regenschirms (110Rs) gekrönt, ein sehr nützlicher Gegenstand für die nächsten drei Wochen. Tag um Tag erkundeten wir neue Strassen, Plätze, Geschäfte und natürlich Restaurants, sodass ich im folgenden nur die Höhepunkte wiedergeben möchte, ohne den Anspruch auf eine chronologische Reihenfolge.

An einem der ersten Abenden suchten wird das *Triveni Restaurant* auf, um sowohl unseren Hunger als auch unser Mitteilungsbedürfnis in Form einer Email zu stillen. Mittlerweile hatten wir uns daran gewöhnt, dass der Gast seine Bestellung selbst auf einen kleinen Block schreiben musste, sodass dieser Vorgang uns nicht mehr irritierte. Während wir auf das Essen warteten versuchte ich im Raum nebenan eine Email an die Lieben zu Hause zu schicken. Die Internet-Cafe-Dichte in Darjeeling ist recht gut und für 1,5-2Rs pro Minute kann man mit ca. 400 Byte/s im Internet surfen. Mein *GMX-Account* meldete sich recht schnell, und da ich ja mein Adressbuch aktualisiert hatte sollte auch das Verschicken der Mail recht zügig gehen (Tipp: Den Email-Text immer auf Papier vor schreiben). Doch ein Blick zurück ins Restaurant machte mich stutzig: Das Licht war aus, denn der Strom war wieder mal ausgefallen und im Restaurant standen Dutzende von Kerzen auf dem Tisch…doch mein Rechner war immer noch AN und Online! Ein kurzer Blick unter den Tisch…riesige LKW-Batterien waren die Lösung des Rätsels bzw. die Stromquelle für meinen PC.

Dass der Vorgang »Hoppla der Strom ist weg hol doch mal die Kerzen« bzw. »Entschuldigung der Junge macht gleich den Generator an« zum Alltag in Darjeeling gehört, wussten wir damals noch nicht. Mehrere Stromausfälle an einem Tag sind nicht ungewöhnlich, doch die meisten Geschäfte und Restaurants sind darauf vorbereitet, und an diese Art von *Candlelight diner* hatten wir uns schnell gewöhnt. Die Email war also auf ihrem Weg und das Essen war wie immer lecker. Besonders zu erwähnen ist der Lemon Tea, wenig Tee mit viel heißer Zitrone, welcher hier im *Triveni Restaurant* besonders gut und billig ist.

Das angeschlossene Guesthouse wird überwiegend von Europäern besucht, wobei es einigen von ihnen wohl entgangen sein muss, dass man in den Niederlanden ungestraft weiche Drogen zu sich nehmen darf, wo hingegen der gleiche Vorgang in Indien mit bis zu 10 Jahren Haft bestraft wird. Zum Thema Drogen möchte ich noch erwähnen, dass mir mindestens einmal pro Tag (max. 5-8 mal pro Tag), meist auf der Nehru Road, hilfreiche Inder ein Gespräch zu diesem Thema aufzwingen wollten. Gängiges Schema: Hilfreicher Inder: »Something to smoke?« Heiko: »No thanks.« Das Publikum im *Triveni Restaurant/Guesthouse* bestand überwiegend aus Teilzeitaussteigern, Halberleuchteten und Gelegenheits-Kiffern welche auf dem Weg zu einer höheren Bewusstseinsebene wohl hier gestrandet waren.

Zum Zwecke des Test unserer Leistungsfähigkeit auf über 2.143m Höhe, machten wir einen kleinen Ausflug zum Tiger Hill (2.590m). Über die Tenzing Norgay Road und Ghoom ging es zu diesem berühmten Berg, auf dem man bei Sonnenaufgang (4.30 Uhr) einen wunderbaren Ausblick auf die höchsten Berge der Welt haben soll. Ich benutze hier bewusst den Konjunktiv (die Möglichkeitsform), da die starke Wolkenbildung an diesem Tag, uns den Blick versperrte. Aber somit blieb uns wenigstens das Schicksal der Hauptfigur in James Hilton's Roman *Lost Horizon* (*Der verlorene Horizont*) erspart: »Einmal, als man ihn auf den Tigerberg bei Darjeeling führte, damit er den Sonnenaufgang auf dem Everest sehe, war der höchste Berg der Welt ganz entschieden eine Enttäuschung für ihn gewesen.«

DARJEELING II
ESSEN & TRINKEN

Restaurants

Außer den schon beschriebenen gastronomischen Einrichtungen, gibt es in Darjeeling noch eine Unmenge anderer, ausnahmslos guter Restaurants. Erwähnen möchte ich noch folgende Lokationen:

- Das Restaurant *Kunga* in der Gandhi Road (wenige Schritte vom Dekevas entfernt): Hier gibt es tibetische Spezialitäten. Der Curd (Quark) für 15Rs zum Frühstück ist sehr lecker und der Apple Crape (Apfeltaschen) als Nachtisch reicht locker für Zwei. Probieren sollte man auch den Buttered Tea, wenn man mutig genug ist, etwas wirklich ganz neues zu trinken.

- Das *Dafey Munal* Restaurant am Clubside Taxistand in der Laden La Road hat sehr guten, meist noch warmen Schokoladen-Pudding mit Rumsoße (ja ich weiss, das ist eine Empfehlung aus dem *Lonely Planet*, aber er war wirklich sehr lecker).

- *Keventer's Snack* auf der Nehru Road bietet außer guten Snacks auch einen schönen Blick über die Stadt.

- Immer einen Besuch wert ist *Glenary's* Konditorei und Cafe; ebenfalls auf der Nehru Road. Leckere Kuchen und Törtchen (8Rs), aber auch herzhaftes Brot sind die Spezialitäten hier. Der Besuch im *Glenary's Restaurant*, ein Stockwerk höher, ist etwas kostspieliger, aber wer einmal etwas gediegener Essen gehen möchte, ist hier am richtigen Ort (Abendessen für zwei Personen etwa 400Rs).

Getränke

Das gängigste und meist auch günstigste Getränk in diesem Bereich Indiens ist Tee mit Milch und Zucker. Eine Tasse Tee ist manchmal schon für 6Rs zu haben. Er ist sehr bekömmlich und auch Nicht-Tee-Trinker gewöhnen sich schnell an dieses Getränk. Der Good Morning Tea zwischen 7.00 und 8.00 Uhr morgens im *Dekeling Hotel* gehörte schon nach wenigen Tagen zu einem unserer beliebten Reise-Rituale. Tee gibt es auch noch in weiteren Variationen: Ginger, Lemon, Herbal, Green, Tibetan. An Soft-Drinks (10-15Rs die Flasche) herrscht kein Mangel, von Cola über Fanta bis zu 7'up gibt es alles, wobei auffällt, dass Pepsi hier einen weitaus größeren Marktanteil hat als in Deutschland.

Besonders empfehlen möchten wir jedoch *Thums Up®*, indische Cola mit Ingwergeschmack. Sabine hofft ja immer noch, dass *Thums Up®* auch in Deutschland eingeführt wird. Die Coca Cola Zentrale hat auf ihren Brief diesbezüglich freundlich, aber eindeutig mit NEIN geantwortet. Die Getränke werden in der Flasche mit Strohhalm serviert, was wohl überwiegend hygienische Gründe hat. Uns ist außerdem aufgefallen, dass selbst Inder beim Trinken aus der Flasche es vermeiden, den Flaschenhals mit dem Mund zu berühren. Wasser gibt es überall in großen Plastikflaschen. Bier und sonstige alkoholische Getränke gibt es nur sehr selten zu kaufen, entweder in speziellen Getränkeläden oder Restaurants. Bier wird in handlichen 0,65l Flaschen verkauft und kostet 40Rs im Laden und bis zu 65Rs im Restaurant. Die Marke *Black Label* war unser persönlicher Spitzenreiter.

Essen

Das Essen ist überwiegend vegetarischer Natur, viel Gemüse, Nudeln, Reis und nur gelegentlich Fleisch. Das Fleisch ist im allgemeinen mit Vorsicht zu genießen, denn nur der Zusatz *boneless* (ohne Knochen) auf der Speisekarte verspricht den vollen Fleischgenuss. Als kleinen Imbiss zwischendurch empfehlen wir Samosa oder Pakora: Gemüse, meist Kartoffeln, in Teigtaschen gefüllt und frittiert. Kartoffeln fallen in Indien ganz klar unter die Kategorie Gemüse. Reis mit Gemüse kann die Kategorie Gemüse. Reis mit Gemüse kann somit auch für Reis mit Kartoffeln stehen. Sehr zu empfehlen sind auch die folgenden tibetischen Spezialitäten:

- Momos – mit Fleisch, Gemüse oder Käse gefüllte Teigtaschen, ähnlich den italienischen Ravioli.
- Suppen – z.B. Thukpa
- Tibetan Bread – in verschiedenen Variationen
- Tibetischer Tee – Heißes Salzwasser und Butter (im Original Yak-Butter) werden miteinander solange verrührt oder gestampft (ähnlich wie buttern), bis es eine trinkbare Masse ist. Der Tee ist sehr sättigend, aber gewöhnungsbedürftig.

Ein Frühstück für zwei Personen (Tee, Brot, Marmelade, Omelett usw.) gibt es im *Dekavas Restaurant* für 150Rs, ein Mittag- oder Abendessen für 150-200Rs. Aber natürlich gibt es das Ganze auch für viel weniger Geld. Es war immer sehr lecker!

Bei den angebotenen Snacks war *KUR KURE masala* der Marke LEHAR unser absoluter Spitzenreiter (Achtung: Sehr scharf). Des weiteren war *Dairy Milk* Schokolade von *Cadbury* an manchen Tagen unser Begleiter. Wir haben uns hierbei oft gefragt, wie diese Schokolade den langen und z.T. heissen Weg nach Darjeeling so unbeschadet überlebt.

DARJEELING III

AUSFLÜGE

Wir haben in Darjeeling alles zu Fuß erledigt und die eigentliche Schwierigkeit war nicht das Wie, sondern das Wo. Es gibt eigentlich keinen halbwegs tauglichen Stadtplan von Darjeeling und der Zusatz *Not to scale* (nicht skalierbar) auf allen Karten könnte auch *Not to find* (nicht auffindbar) heißen. Achtung: Die Karten sind üblicherweise NICHT nach Norden ausgerichtet. Ein guter Orientierungssinn sowie ein Kompass sind in dieser Stadt am Berg unentbehrlich. Da Sabine mit einem sehr guten Orientierungssinn auf die Welt kam, durfte ich mich um den Kompass kümmern. Da aber mein Bruder Steffen einen reichhaltigen Outdoor-Fundus besitzt, war mein Teil der Aufgabe auf jedenfall der leichtere. Im Zweifelsfall sollte man einfach nach dem richtigen Weg fragen. Inder sind meist sehr hilfsbereit, aber leider führt ihre Hilfe nicht immer zum gewünschten Erfolg.

<Sabine> Die Gassen sind unglaublich steil und eng, durch Treppen miteinander verbunden, einander sehr ähnlich und der Nebel macht es nicht einfacher, einen Überblick zu gewinnen. </Sabine>

Himalayan Mountaineering Institute

Das *Himalayan Mountaineering Institute* (HMI) hat ein schönes Museum historischer Bergsteiger-Utensilien sowie viele Bilder der unterschiedlichsten Expeditionen auf den Mount Everest. Hier werden auch Kurse angeboten, und es gibt ein Tenzing Norgay Denkmal. Tenzing Norgay bezwang mit Edmund Hillary 1953 den Mount Everest, er war lange Zeit Direktor des Instituts und ist spätestens seit seinem Tod 1986 ein lokaler Held.

Zoo

Der *Himalayan Zoological Park* (in der Nähe des HMI) ist nicht sehr spektakulär. Wir hatten das Glück den Red Panda zu sehen. Beliebtes Familien-Ausflugziel am Wochenende.

Passenger Ropeway

Diese Seilbahn geht von North Point bergab nach Tukvar. Der Fahrpreis von 55Rs lohnt sich vor allem bei schönem Wetter, da die Talstation außer großen Teeplantagen nicht viel zu bieten hat. Mit dem Ticket für die Fahrt erwirbt man außerdem eine Versicherung gegen Stromausfall während der Fahrt; wir rätselten eine Weile, was das bedeuten mag: Es ist die Tatsache, dass im nicht seltenen Fall des Stromausfalls, ein Generator zur Verfügung steht!

Lloyds Botanical Garden

Ein ruhiger Garten mit vielen Grünflächen. Der ideale Platz zum Erholen und Entspannen.

Happy Valley Tea Estate

Leider hat gerade der Film, der diesen Ausflug dokumentiert denn Weg nicht bis nach Deutschland gefunden, er bleibt bis heute verschollen, ein herber Verlust. Der Besuch auf dieser Teeplantage war sehr interessant. Da hier überwiegend mit sehr alten Maschinen aus Irland (Dublin 1867) gearbeitet wird, kann der Besucher wirklich viel sehen und auch riechen. Die Arbeiter führen einen gerne durch die Hallen und erklären die verschiedenen Arbeitsschritte. Der Führer erwartet eine kleine Aufwandsentschädigung (20Rs pro Person). Zwei Sachen sind mir ganz speziell in Erinnerung geblieben: Tee wird in zwei Tagen produziert, vom Pflücken bis zum Verpacken des fertigen Tees, und gepflückt wird er ausschließlich von Frauen.

Toy Train

Ja, er fährt wirklich, auch wenn ich leider keine Bilder habe. Beim Anblick dieses niedlichen kleinen Zuges war ich froh, dass wir für die Anreise ein Taxi genommen hatten. Die Streckenführung ist atemberaubend und die meist manuell zu bedienende Technik aus einer anderen Zeit. Leider gelang es uns nicht auch nur eine kurze Strecke mit dem Zug zu fahren, da sich die Abfahrtszeiten nicht mit unserem Biorhythmus synchronisieren ließen. Aber das Pfeifen des Zuges, wenn einer der zahlreichen Mitbenutzer der Gleise im Weg war, war immer wieder deutlich zu hören.

Tibetan Refugee Self Help Centre

Hier lebt eine große Gruppe von Exil-Tibetern. An diesem Ort werden auch Teppiche und Bekleidungsgegenstände nach alten Handwerksmethoden hergestellt. Auf Nachfragen bekamen wir die Vertreibungsgeschichte eines Tibeters erzählt, welche uns doch sehr nachdenklich machte. Sabine hat wenige Tage später das Buch *My Land & My People* (Memoirs of His Holiness the Dalai Lama) gekauft und kann es sehr empfehlen.

Observatory Hill

Hier findet man kleine hinduistische und buddhistische Tempel. Der esoterisch-religiöse Gesamteindruck dieses heiligen Hügels wird durch den starken Duft von Räucherstäbchen und Unmengen von Gebetsfahnen, welche über allem flattern, erzeugt. Die freilaufenden Affen sowie schnell auftauchende Nebelschwaden rundeten bei unserem Besuch das fast mystische Bild noch ab.

Chowrasta

Der große Platz am Ende der Nehru Road hat eigentlich nur ein Highlight zu bieten, den *Oxford Bookshop*. Die Auswahl an englischen Büchern ist für indische Verhältnisse sehr groß, und es gibt hier auch einen guten Reiseführer für Sikkim: *Sikkim Darjeeling Buthan - A Guide and Handbook* von Rajesh Verma für 98Rs. Des weiteren sind Bücher über Tibet, den Buddhismus sowie den Dalai Lama erhältlich. Wenn Ihr also Bücher kaufen wollt, dann hier. In der ganzen Gegend gibt es keinen Buchladen wie diesen: Weder in Kalimpong noch in Gangtok.

Buddha Jayanti

Wir hatten das Glück, während dieses buddhistischen Festes (Buddha Jayanti oder Buddha Purnima) am 19. Mai in Darjeeling zu sein. An diesem Tag wird die Geburt und Erleuchtung Buddhas gefeiert. Aus allen umliegenden Klostern kommen Mönche in prachtvollen Gewändern und veranstalten eine Art Prozession, die ihren Abschluss auf dem Chowrasta findet. Schon früh morgens d.h. so gegen 4.30 Uhr haben wir Musik und Gesänge auf den Strassen gehört. Hunderte von Kindern trugen dicke Bücher, wie wir sie in den Klöstern schon gesehen hatten, durch die Stadt. Es war ein großes Fest mit allerlei Polit-Prominenz und einem erstaunlichen Polizeiaufkommen. Ein aufmerksamer Mönch gab uns einen Handzettel zum besseren Verständnis der Ereignisse. Titel: »What is an importance of BuddhaJyanti and how«. Ein besonderer Leckerbissen für Freunde der englischen Sprache.

Tee-Export

Tee ist eine der Hauptattraktionen Darjeelings, und er ist wirklich vorzüglich. Es gibt ihn in den unterschiedlichsten Qualitäten und Preiskategorien, für den Kenner ein Paradies. Auf einem Streifzug durch Darjeeling und eigentlich auf der Suche nach einem tibetischen Kochbuch, lernten wir den Eigentümer des *Darjeeling Tea Corner* kennen, ein freundlicher und hilfsbereiter Mann mittleren Alters. Er lud uns prompt zu einer kleinen Teeprobe ein, und wir erfuhren wie Tee wirklich zubereitet wird: Wasser + Tee, natürlich lose, im Stoffbeutel und aus Darjeeling, + ausreichend Zucker + Milch (wer will). Alles zusammen in einen Wasserkocher; aufkochen lassen; abgießen; fertig. Trotz dieser eigenwilligen Prozedur schmeckte der Tee ausgezeichnet. Der Mann erzählte uns noch sehr viel über das Wirtschaftssystem in Indien, sein Verhältnis zu Frauen (er war immer noch Single) und die politische Lage in Darjeeling, aber eigentlich suchten wir ja nur ein Kochbuch. Er wollte uns auch hierbei behilflich sein und einer seiner Angestellten wurde beauftragt uns ein paar einfache Rezepte aufzuschreiben. Das Ergebnis ähnelte dann eher einem Schmierzettel mit dadaistischen Zeichnungen. Sabine ist bis heute noch der Meinung, dass der Mann selbst nicht Schreiben konnte und hat sich dann in Deutschland lieber das *The Lhasa Moon Tibetan Cookbook* bestellt. Es enthält sehr leckere Rezepte, die man auch als Europäer kochen kann.

Post

Ein Ausflug war es eigentlich ja nicht, aber spannend war es auf jedenfall: Da sich nach wenigen Wochen schon eine ganze Anzahl von Mitbringseln angesammelt hatte, und wir diese nicht den restlichen Urlaub tragen wollten, kamen wir auf die Idee den ganzen Kram einfach per Post nach Deutschland zu schicken. Wir haben dann ein Päckchen geschnürt, genauer gesagt haben wir es einnähen lassen und für den horrenden Preis von 800Rs weggeschickt. Es kam wohlbehalten nach 14 Tagen in Deutschland an.

Bank

Auch Geldumtauschen kann ein Erlebnis sein. Die *State Bank of India* in Darjeeling wechselt generell nur US-Dollar und Pfund in bar oder als Traveller Cheque. Prozedur:

1. Station: Am Schalter gleich links neben dem Eingang muss man ein Formular mit sämtlichen persönlichen Daten ausfüllen. Die Nummern jedes einzelnen Geldscheins müssen separat notiert werden, und das Geld wird sorgfältig mehrmals gezählt. Achtung: Eingerissene Scheine werden in Indien generell nicht entgegengenommen.

2. Station: Sämtliche Papiere werden von einem weiteren Bankangestellten kontrolliert und gegengezeichnet. Man erhält danach eine Nummer für die Geldausgabe.

3. Station: Im ersten Stock des Gebäudes muss man warten bis die entsprechende Nummer aufgerufen wird. Man erhält nun einen mehr oder weniger dicken Stapel von Geldscheinen. Wenn während des Vorgangs weder der Strom ausgefallen noch ein Geldschein gerissen ist, dauert er etwa ½ Stunde. Soviel zu unseren kleinen Ausflügen und Erlebnissen in Darjeeling, doch jetzt geht es endlich in die Berge (fast).

Singalila Trek I ||||
Zwischen Indien und Nepal

Wir hatten uns gut informiert und fanden, dass sich dieser Trek im Westen Darjeelings und an der Grenze zu Nepal und Sikkim, als eine anspruchsvolle aber leistbare Aufgabe darstellte. Die Übernachtungen auf dem Trek in sogenannten Trekker's Huts buchten wir im voraus im *Darjeeling Gorkha Hill Council-Department of Tourism (DGHC)*, welches sich in der Nähe des Chowrasta im Gebäude des *Bellevue Hotels* befindet. Die sehr freundlichen und hilfsbereiten Mitarbeiter fragten uns nach unsere Fitness und unserem Zeitplan und nach wenigen Minuten war die Planung fertig:

Mit dem Bus nach Manaybhanjang, weiter über Tonglu nach Gairibas (1. Übernachtung), dann über Kalipokhari nach Sandakphu (2. Übernachtung), nach Phalut (3. Übernachtung), über Gorkhey nach Raman (4. Übernachtung), bis nach Rimbik (5. Übernachtung) und zurück nach Darjeeling. In Rimbik sollten wir uns selbst eine Unterkunft suchen, da die staatliche Hütte außerhalb der Stadt ist. 340Rs kosteten die vier Übernachtungen für zwei Personen in den Hütten. Essen gäbe es überall, wenn auch nur in sehr einfacher Form. Unsere Namen wurden, wie noch/schon so oft, in große Bücher eingetragen. Wir wurden noch auf Dies und Jenes hingewiesen und fühlten uns insgesamt gut beraten.

Wir speckten unser Gepäck ab und packten nur das Nötigste für fünf Tage ein (8-10kg pro Person), den Rest ließen wir im Dekeling Hotel zurück. In weiser Voraussicht reservierte uns Sabine auch gleich ein Zimmer für unsere Heimkehr. Wir kauften noch ein paar Lebensmittel ein, für alle Fälle. Am Morgen des 21. Mai ging es dann wirklich los.

Beim Studium andere Quellen, wird dem geneigten Leser auffallen, dass die Entfernungsangaben zu den einzelnen Etappen z.T. stark variieren. Der Grund für diese Abweichungen ist wohl im allgemein schlechten Kartenmaterial zu suchen. Es handelt sich bei den folgenden Werten generell um ungefähre Angaben ohne Gewähr.

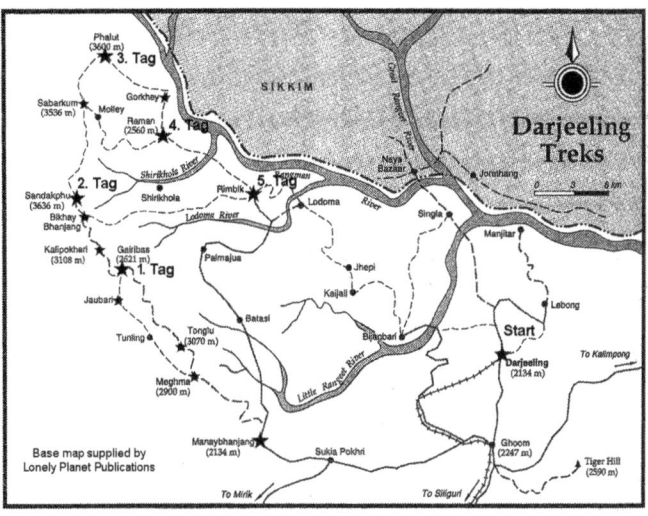

Start

Der Bus, welcher uns nach Manaybhanjang bringen sollte, fuhr überpünktlich um 5.50 Uhr statt um 6.00 Uhr am Bus- und Taxistand auf der *Hill Cart Road* ab. Sabine und ich waren etwas spät dran und hatten Probleme noch einen Platz zu bekommen. Als wir los fuhren konnte Sabine sitzen und ich stand leicht gebückt, weil die Höhe des Busses sehr gering war, mitten im Gang, dicht gedrängt, mit Blick nach vorn auf den Fahrer.

<Sabine> Ich hatte einen Sitzplatz bekommen, weil ich eine Frau bin. Die Sitzplätze sind aber für Menschen bis 170 cm ausgerichtet, sodass ich mich zwischen Tüten, Taschen, anderen Frauen mit immens langen Haaren und den Sitzreihen kaum setzen konnte. Sicherheitsgurte sind hier vollkommen unnötig: eine

31

solche Enge gibt es nicht in der vollsten S-Bahn zum Feierabend.
</Sabine>

Der Verkehr ist zwar um diese Zeit nicht sehr dicht, doch ging es trotzdem nur langsam voran. Viele Leute standen an der Straße und wollten mit, doch der Fahrer hielt meist nur zum Aussteigen. Die Koordinationsaufgabe zwischen Fahrer und ein- bzw. aussteigenden Gästen übernahm ein junger Mann an der Bustür. Durch heftiges schlagen auf die Wand des Busses signalisiert er »Losfahren, alles O.K.«, »Stop, da steht noch einer« oder »Langsam weiter, es ist ganz schön eng«. Alles klappt bestens, auch die engsten Stellen werden passiert und auch als die Strasse immer schlechter wurde, hatte das Busteam alles im Griff.

So gegen 8.00 Uhr und mit Regen und Nebel kamen wir in Manaybhanjang an, und es stellte sich heraus, dass mein Stehplatz wohl mindestens genauso komfortabel war wie Sabines Sitzplatz.

Strecke: 23km / 1,5 Stunden Fahrzeit / Zielhöhe 2.150m

Manaybhanjang

Wir wurden bei unserer Ankunft gleich von ein paar Offiziellen empfangen und zum *Foreigners Check Post* geführt. Unsere Namen wurden, wie noch/schon so oft, in große Bücher eingetragen und wir darauf hingewiesen, dass das Verlassen der Route gefährlich, und die Einreise nach Nepal verboten sei. Es wurden noch ein paar Witze über das Wetter gemacht und dann ging es los.

Wir zogen die Regenjacken gleich an und machten uns auf den Weg, der heute etwa 20km lang sein sollte. Schon nach kurzer Zeit wurde uns klar, dass das Tragen eines 10kg schweren Rucksacks über mehrere Stunden hinweg äußerst anstrengend ist. Unsere Fitness bewahrte uns wohl vor dem Gröbsten, doch blieb es eine ganz schöne Schlepperei. Der mit großen Natursteinen gepflasterte Weg, Karten sprechen hier von einer *jeepable Road*, war gut markiert und trotz z.T. starken Nebels, hatten wir nie Angst ihn zu verlieren.

Unsere Durchschnittgeschwindigkeit lag bei etwa 15 Minuten pro Kilometer, was bedeutete, dass wir wohl etwas weniger Zeit benötigen würden als in den meisten Beschreibungen angegeben war. Gutgelaunt und ziemlich nass erreichten wir nach 3 Stunden die Tonglu Trekkers Hut, bisher ging es stetig bergauf. Sicht: 1-10 Meter

Strecke: 11km / 3 Stunden / Zielhöhe 3.020m

Tonglu - Jaubari

Wir sahen die Trekker's Hut nur vom Pfad aus, doch die Hunde bellten vor Freude und gesellten sich auch gleich zu uns. Ein paar Meter weiter sprach uns eine Frau an und fragte uns wohin wir wollten. Sie sagte der Weg über Jaubari sei kürzer und wir sollten ihr folgen. Wir kannten diese Abkürzung, hatten aber im Vorfeld beschlossen den offiziellen Weg zu gehen, da Jaubari in Nepal liegt. Unsere Abenteuerlust und die netten Worte der Frau führten aber dazu, dass wir diese illegale Grenzüberschreitung in Kauf nahmen und Jaubari ansteuerten. Der überwiegende Teil des Singalila Trek geht entlang der Grenze Indien-Nepal, wobei man sich meist auf der rechten und somit indischen Seite der Grenze befindet. Nachdem wir den einsamen und unbemannten Grenzposten passiert hatten, kamen wir bald nach Jaubari. Hier gibt es ein paar private Unterkünfte, aber da das Wetter immer noch sehr regnerisch war, hielten wir nicht an, sondern zogen weiter in Richtung Gairibas. Der Weg bog in Jaubari rechts ab und führte uns weiter bergab, direkt... zu eine Müllhalde. Ob dies der richtige Weg ist, fragten wir uns? Nach kurzer Diskussion über Zivilisationsdreck entschlossen wir uns den eingeschlagenen Weg beizubehalten. Wir hatten Recht und kamen am frühen Nachmittag in Gairibas an.

Strecke: 9km / 2 Stunden / Zielhöhe 2.621m

Gairibas

Gairibas besteht, wie eigentlich die meisten Dörfer auf unserem Trek, nur aus ein paar Häusern. Die Trekker's Hut konnten wir also nicht übersehen und Sabine machte sich gleich auf die Suche nach der zuständigen Person. Zwei junge Frauen zeigten uns unser geräumiges Zimmer im 1. Stock und versprachen uns Abendessen zwischen 19.00 und 20.00 Uhr. Die Trekker's Hut hier ist repräsentativ für alle übrigen Hütten: Ein großes Haus mit zwei Stockwerken, kein Strom höchstens Batterielampen, meist kein fließendes Wasser im Haus, etwas abseits eine separate Küchenhütte mit offener Feuerstelle.

Wir machten es uns also bequem in unserem Zimmer, breiteten unsere nassen Sachen zum Trocknen aus und erkundeten die nähere Umgebung. Es war nasskalt und sehr neblig. Außer uns waren zu diesem Zeitpunkt nur zwei indische Trekker anwesend, das Haus war also fast leer, dass sollte sich aber bald ändern. Eine englische Studentin und ihr indischer Führer waren die nächsten Gäste, gefolgt von etwa 40 pubertierenden Mädchen vom HMI mit ihren Trainern. Sowohl die Engländerin, als auch die Mädchen vom HMI sollten in den kommenden Tagen immer wieder unseren Weg kreuzen. Im Laufe des Nachmittags stellte sich heraus, dass die zwei Inder die Vorhut für die HMI-Gruppe waren, und einer von ihnen ein *Everester* war, also ein Bezwinger des höchsten Berges der Welt, den wir mit eigenen Augen noch sehen sollten.

Die Mädchen machten einen mehrtägigen Trek im Rahmen eines mehrwöchigen Kletter- und Trekkingkurses. Die Mädchen kamen aus allen Regionen Indiens und aus reichem Elternhaus, was man sowohl an ihrer Sprache, einer Art Hindi-Englisch, als auch an ihrer z.T. sehr teueren Kleidung merkte. Nicht allen machte das Wandern bei diesem Wetter wirklich Spaß, doch sie waren wohl erst am Anfang ihrer Tour und die Stimmung war noch recht gut.

Da wir langsam doch recht hungrig wurden, wollten wir uns nach dem Stand des Abendessens erkundigen und wurden gleich in die Küchenhütte eingeladen. Die Einladung kam uns sehr gelegen, denn langsam wurde es doch kühl. Wir nahmen also Platz in der dunklen Hütte und beobachteten die beiden jungen Frauen bei der Zubereitung unseres Abendessens.

Es wurde gekocht, gebacken und gebraten und das Alles an, auf und neben einer offenen Holzfeuerstelle, wir waren begeistert. Wie auch an den nächsten Tagen gab es Dal (Linsensuppe) mit Gemüse. Die Art und Weise wie das Essen zubereitet wurde, die Leichtigkeit mit der Stapel von Brot entstanden und Töpfe voll Gemüse koordiniert wurden, faszinierte uns nachhaltig. Wir aßen zusammen mit der Engländerin und ihrem Führer und unterhielten uns über das Wetter, die Landschaft und die Etappen der nächsten Tage, denn auch sie wollten zum Sandakphu.

Es wurde früh dunkel und wir schnell müde, sodass der Abend mit dem Abendessen beendet wurde. Die Anstrengungen dieser ersten und recht langen Etappe bescherten uns einen guten Schlaf.

Am nächsten Morgen stellten wir fest, dass sich das Wetter nicht geändert hatte. Nebel, Regen und recht kalt. Die HMI-Gruppe startete sehr früh und wir wurden Beobachter eines besonderen Rituals. Die Mädchen, voll bepackt und mit Regenjacke und/oder Regenschirm ausgerüstet mussten vor der Hütte in Gruppen antreten und einen Rapport abgeben. Dank kurzer und unmissverständlicher Befehle hatten die Trainer die Situation voll im Griff und Wiederwort in irgendeiner Form war nicht vorstellbar. Ich möchte noch erwähnen, dass der Vorgang etwa 5 Minuten dauerte und er im strömenden Regen stattfand.

Auch wir packten nach dem Frühstück gleich unsere Sachen zusammen und machten uns dann auf den Weg. Die Strecke nach Kalipokhari ging stetig bergauf und die Wetterlage änderte sich nicht.

Strecke: 5km / 2 Stunden / Zielhöhe 2.950m

Kalipokhari - Bikhay Bhanjang

Vielleicht hätten wir diese kleine Siedlung im dichten Nebel übersehen, wenn uns nicht jemand aus einem der Häuser zugewunken hätte. Der Führer der Engländerin stand in der Tür eines Hauses und empfahl uns, hier eine Rast zu machen. Das Haus bestand aus mehreren sehr niedrigen und kleinen Zimmern und wurde von zwei Frauen bewirtschaftet. Kaum hatten wir unsere Rucksäcke und Regenjacken abgelegt, wurden wir mit Tee und Keksen versorgt. Wenige Minuten später folgten kleine Behälter mit heißer Glut zu unseren Füßen.

Das Wetter war ständiges Gesprächsthema und auch wir überlegten ob es sinnvoll sei den geplanten Trek bei diesem Wetter weiterzuführen, als zwei weitere Bergwanderer das Haus betraten. Sie kamen von Sandakphu und erzählten uns, dass das Wetter dort oben noch schlechter sei und eine Fortsetzung des Treks wenig Sinn machen würde. Sie hatten wenig Zeit, da sie in wenigen Tagen einen bestimmten Zug erreichen mussten und waren froh, dass einer der wenigen Jeeps sie bis Manaybhanjang mitnehmen konnte.

Wir beschlossen auf jeden Fall bis Sandakphu weiterzugehen, um am nächsten Tag endgültig zu entscheiden. Etwas trockener,

erholter und satter machten wir uns wieder auf den Weg, natürlich bergauf mit Nebel und Regen...wie sonst. Über Bikhay
Bhanjang ging es weiter nach Sandakphu.

Strecke: 7km / 3 Stunden / Zielhöhe 3.636m

Sandakphu

<Sabine> Als wir nach dem strapaziösen Anstieg hier ankamen, war ich den Tränen nahe: auf 3600m hatte ich meinen Hö-
henrekord gebrochen, mir war der Atem kurz und nichts zu sehen außer Nebel. </Sabine>

Diese Ansammlung von wenigen Häusern ist auf den ersten,
aber auch auf den zweiten Blick wenig einladend. Die Möglichkeit diesen Gipfel mit dem Jeep zu bezwingen (ca. 2000-3000Rs)
muss wohl in der Hauptsaison zu massentourismusartigen Zu-
ständen führen. Die hygienischen Verhältnisse waren erbärmlich
und auch sonst machte diese Ansiedlung keinen guten Eindruck,
unsere Stimmung sank. Das Essen war zwar lecker und das Paar,
welches unsere Hütte betreute war sehr nett und hilfsbereit, doch
die ganze Atmosphäre war eher trostlos. Die nach uns
eingetroffenen Mädchen der HMI-Gruppe beklagten sich
lautstark über die Strapazen der Etappe, das schlechte Wetter
und das, ihrer Meinung nach, schlechte Essen.

Draußen war es nass, kalt und dunkel, sodass wir beschlossen
schon am frühen Abend ins Bett zu gehen. Nach einer umfangreichen gegenseitigen Rückenmassage begannen wir uns aus
James Hiltons Roman *Lost Horizon* (*Der verlorene Horizont*)
vorzulesen. Die Kerzen verbreiteten eine romantische Stimmung
und wir folgten Hiltons Geschichte nach Shangri La, der wunderbaren Lamaserei irgendwo in Tibet. Nach einigen spannenden
Stunden des Vorlesens schliefen wir zufrieden ein und hofften
auf besseres Wetter. Dieses Massage- und Vorlese-Ritual sollte
uns noch den ganzen Urlaub begleiten und kann nur empfohlen
werden.

Der nächste Morgen brachte die Wende und begann sehr
spannend. Sabine wachte früh am Morgen auf und der Blick
durch die beschlagenen Fenster verhieß keine Wetterbesserung.
Doch nach einigen Augenblicken bemerkten wir doch einige

Abweichungen: Hektische Stimmen und geschäftiges Treiben außerhalb der Hütten, und das alles noch vor 5.00 Uhr! Wir zogen uns schnell an und liefen raus. Und da waren SIE endlich... nach Tagen ohne Sicht empfingen uns schneebedeckte Berge aus der Ferne. Lothse, Everest, Makalu und das Kangchenjunga Massiv (8.586m), all die Achttausender welche wir bisher nur aus Filmen oder Büchern kannten, in greifbarer Nähe (ca. 40km).

Der Anblick war beeindruckend und ergreifend und nicht immer gelang es uns die Freudentränen zu unterdrücken. Es war kaum zu glauben, gestern wollten wir noch den Trek abbrechen und heute standen wir vor den höchsten Bergen der Welt. Überall standen Leute mit fröhlichen Gesichtern und machten Fotos. Es wurde über die Höhe und die Namen der einzelnen Gipfel diskutiert und die erfahrenen Trekker erklärten zum x-ten mal wo der Mount Everest zu finden ist. Ein Ziel unserer Reise hatten wir erreicht, wir hatten das Dach der Welt gesehen.

Leider können die Bilder diese Stimmung nicht wiedergeben, aber vielleicht kann man erahnen wie glücklich wir waren. Nach einiger Zeit umhüllten wieder Wolken die Gipfel, doch das Wetter blieb überwiegend trocken und auf der nächsten Etappe sollte die Sicht gut bleiben. Wir starteten noch vor 8.00 Uhr nach Sabarkum und Phalut.

SINGALILA TREK II
RHODODENDRON

Der zweite Teil des Treks war weniger anstrengend und das Wetter war wesentlich besser.

Sabarkum

Die Strecke nach Sabarkum und Phalut geht auf einem Kamm entlang und ist überwiegend flach. Sabarkum bezeichnet eigentlich nur die Stelle, an der ein abgebranntes Steinhaus steht. Man geht in Richtung Norden und hat einen sehr schönen Blick auf das Kangchenjunga Massiv (8.586m). Bisher hatten wir nur verblühten Rhododendron gesehen, und wir dachten, die Blütezeit wäre schon vorbei, doch hier in über 3.500m Höhe wächst alles etwas langsamer. Wir sahen die ersten rot-blühenden Büsche und konnten uns auch vorstellen, wie es hier vor ein bis zwei Wochen ausgesehen haben mag. Die ganzen Hänge müssen ein rot-rosa-weißes Blumenmeer gewesen sein. Der schöne Ausblick und die roten Büsche am Wegesrand ließen uns die Strapazen der letzten Tage schnell vergessen.

Auf dem Weg nach Sandakphu hatten wir kurzzeitig geglaubt ein Yak gesehen zu haben, jetzt standen tatsächlich zwei ausgewachsene, wilde, männliche Exemplare direkt vor uns. Der Weg verlief nur etwa 10m neben ihrem Kampfplatz entlang und ihre imposante Erscheinung flößte uns einen gehörigen Respekt ein. Auf dieser Etappe hatten wir endlich die Möglichkeit, die Natur in vollen Zügen zu genießen und unsere Sonnencreme kam zum Einsatz. Dies war eine der schönsten und angenehmsten Etappen auf diesem Trek. Doch wie schon so oft, wurde das Wetter gegen Nachmittag etwas schlechter und ich kann mich nicht mehr daran erinnern, ob wir Phalut noch trocken erreichten.

Strecke: 14km / 6 Stunden / Zielhöhe 3.600m

Phalut

Auf Phalut gibt es nur eine Trekker's Hut, aber wir hatten
wiedermal Glück und bekamen ein Zimmer nur für uns alleine.
Die Buchung in Darjeeling sowie die Tatsache, dass wir Touristen aus Europa waren und Sabine ja eindeutig dem weiblichen
Geschlecht angehört, erleichterte und beschleunigte anscheinend
die Zimmerzuteilung, wir bekamen auf dem ganzen Trek ein
Einzelzimmer. Außer uns waren noch etwa 20 Inder auf Phalut,
ein paar übernachteten aber lieber in ihren eigenen Zelten. Als
sich uns wiedermal die Frage stellte, ob und wann es Abendessen gibt, lernten wir einen indischen Geodäten kennen. Er erzählte uns von seiner Arbeit hier am Dreiländer-Eck Indien-
Nepal-Sikkim, und dass er am nächsten Tag mit Hilfe einiger
Yaks weiterreisen würde. Endlich hatten wir den Mann gefunden, der uns die Frage beantworten konnte, warum es keine or-
dentlichen Landkarten von dieser Region gibt. Die Lösung war
ganz einfach, zwar gibt es von diesem Gebiet sehr gute und genaue Karten, doch die indische Regierung stuft diese Dokumente
als geheim ein, so dass eine Veröffentlichung nicht vorgesehen
ist. Gerade die Grenze zwischen Sikkim und Tibet ist auch heute

noch umstritten, wie wir später in Gangtok und Umgebung noch sehen sollten.

Auch auf Phalut wurden wir wieder in die Kochhütte eingeladen, und wir unterhielten uns mit dem Geodäten sowie mit der Frau, die unser Essen zubereitete. Die Themen waren vielfältig, z.B. der Besuch des deutschen Außenministers Fischer in Indien, die Globalisierung, der Preis von Sabines Trekking-Schuhen oder die deutsche *Green Card*. Das Essen sowie der Tee wurden, wie schon zuvor in Gairibas, auf der offenen Feuerstelle zubereitet. Nach einer guten Unterhaltung folgte ein gutes Abendessen, und wir gingen so gegen 20.00 Uhr ins Bett. Es folgte die mittlerweile obligatorische Rückenmassage und über dem verlorenen Horizont schliefen wir wenige Stunden später ein.

Das Wetter am darauf folgenden Morgen war gut, aber nicht perfekt. Wir stiegen die letzten hundert Meter bis zum Gipfel auf und wollten warten bis sich die Wolken verziehen. Hier oben gab es viele Yaks und auch eine Herde wilder Pferde. Wir standen direkt am Länderdreieck Indien-Nepal-Sikkim und man konnte recht weit sehen, doch die Gipfel der Achttausender blieben verhüllt. Was hatten wir doch am Tag zuvor für ein Glück gehabt! Einige der anwesenden Inder erzählten uns, dass sie schon seit ein paar Tagen in der Gegend waren und bisher keinen freien Blick auf die Gipfel hatten.

Nach dem Frühstück packten wir wieder unsere Rucksäcke und es ging weiter in Richtung Raman. Der Weg ging überwiegend bergab und beanspruchte unsere Kniegelenke sehr stark. Es ging auf schmalen Pfaden durch dichten Wald und je weiter wir nach unten kamen, desto wärmer wurde es. Wir kamen nach Gorkhay Kola, so heißt der Platz an dem sich zwei Flüsse treffen, welche später in den Raman Fluß münden. Samandin heißt das nächste Dorf, es befindet sich auf einem kleinen Plateau und ist umgeben von Feldern. Das Dorf trägt auch den Namen *The lost valley - Das verlorene Tal*. Es war weiterhin schwül warm und kurz vor Raman sahen wir endlich das Schild zur Trekker's Hut. Es war früher Nachmittag und wir kamen gerade noch rechtzeitig an, denn bald nach unserer Ankunft begann es zu regnen.

Strecke: 14km / 5 Stunden / Zielhöhe 2.560m

Raman

Wir wurden von einem sehr freundlichen Ehepaar empfangen, und nachdem wir unser Zimmer bezogen hatten, gab es erst einmal Tee und tibetisches Brot. Die Trekker's Hut steht etwas außerhalb des eigentlichen Dorfes. Wir saßen draußen und beobachteten das Landleben: Kartoffelfelder, Hühner und Kühe sowie ein paar kleine Hunde. Leider begann es bald zu regnen, so dass wir diese ländliche Idylle nicht noch länger genießen konnten. Als nach ein paar Stunden immer noch keine weiteren Gäste eingetroffene waren, wurde uns klar, dass wir diesmal nicht nur ein Einzelzimmer, sondern ein Einzelhaus hatten. Diese Erkenntnis störte uns nicht im geringsten.

Wir inspizierten das Haus und entschieden, dass es nach fast vier Tagen ohne Dusche an der Zeit war, diesen hygienischen Ausnahmezustand zu beenden. Das Badezimmer war großzügig in seinen Ausmaßen, aber spartanisch in seiner Einrichtung und kaltes Wasser kam, mit unterschiedlicher Zuverlässigkeit, aus mehreren Zapfstellen. Die Umgebung war also bestens geeignet, um eine ausgiebige Dusche inklusive Haarwäsche vorzunehmen. Wer sich schon einmal mit kaltem Wasser aus dem Eimer gewaschen hat, kann sich vorstellen, dass sich die Waschsituation durch die einsetzende Dunkelheit nicht wesentlich verbesserte. Ein Duscherlebnis der besonderen Art. Nach dem Abendessen folgte eine ruhige Nacht mit gelegentlichem Regen.

Der nächste Tag war trocken und recht warm, so dass es uns nicht schwer fiel, die Hütte schon vor 8.00 Uhr zu verlassen, natürlich nicht ohne vorher ausgiebig gefrühstückt zu haben. Die eigentlich ortansässige Hundemeute, bestehend aus einem älteren Hund sowie zwei Hundebabys, verfolgte uns auf Schritt und Tritt. Nach ein paar Kilometern verließen die kleinen Hunde unser Expeditions-Team, doch der ältere Hund wich nicht von unserer Seite, und das, obwohl wir ihn weder gefüttert hatten noch ihn in irgendeiner anderen Art und Weise zum Bleiben ermunter hatten. Für Unterhaltung war also gesorgt, zum einen lief er gerne zwischen unseren Beinen, zum anderen gab es bei jeder kleinen Behausung erst mal eine wilde Kläfferei.

Der Weg verlief überwiegend abwärts durch dichten Wald, später dann durch kleine Siedlungen. Nach etwa der Hälfte des Weges wird der Shirikhola Fluß überquert, bevor es dann wieder etwas bergauf geht. Diese Strecke gehört zwar zu den längeren Etappen, doch wegen der geringen Anstiege und der sehr waldreichen Umgebung ist sie sehr angenehm und interessant. Wir erreichten Rimbik am frühen Nachmittag, unser Hund immer voran.
Strecke: 19km / 5 Stunden / Zielhöhe 2.280m

Rimbik

Rimbik ist eine kleine Stadt mit einem Bazar und einigen Hotels. Nachdem wir nun die letzten Tage eher einfach übernachtet hatten, suchten wir hier etwas mehr Luxus. Das Hotel Sherpa

(100Rs) gefiel uns sofort, vor allem wegen seines schönen Gartens und der kleinen Wiese. Schnell war ein Zimmer bezogen und wenig später saßen wir im Grünen beim Mittagessen. Hier wurden auch endlich folgende Fragen beantwortet: Woher stammen die roten Markierungen auf dem Trek? Was bedeutet die Abkürzung HRT?

Ein Aufkleber an der Fensterscheibe des Restaurants warb für den *Himalayan Run & Trek* (HRT), eine jährliche Sportveranstaltung mit einer ganzen Reihe von Wettkämpfen: *The Himalayan 100 Mile Stage Race, The Mt. Everest Challenge Marathon* und *The Mt. Everest Bike Rally*. Das Rennen über die Marathondistanz wurde in *Runners World Magazine* (UK 3/96) als *the world's most beautiful marathon* beschrieben. Da wir einen großen Teil der Rennstrecke kennen, kann ich nur sagen: »Eine wirklich große Herausforderung.«

Auf einer kleinen Tour durch den Bazar der Stadt löste ich mein Versprechen ein, mich von einem indischen Barbier rasieren zu lassen. Obwohl der Barbier, welcher kein Wort Englisch sprach, sein Bestes gab, war mit nicht wohl bei der ganzen Angelegenheit. Er nahm extra eine neue Klinge, versuchte sehr vorsichtig zu sein und sparte die kritischen Stellen zum Teil aus. Die ganze Prozedur war eigentlich sehr angenehm, doch war ich froh als ich, körperlich unversehrt den Laden verlassen durfte. Nicht nur Sabine interessierte sich während dieser Zeit für mich, auch andere Leute blieben auf der Strasse stehen um das Schauspiel zu verfolgen.

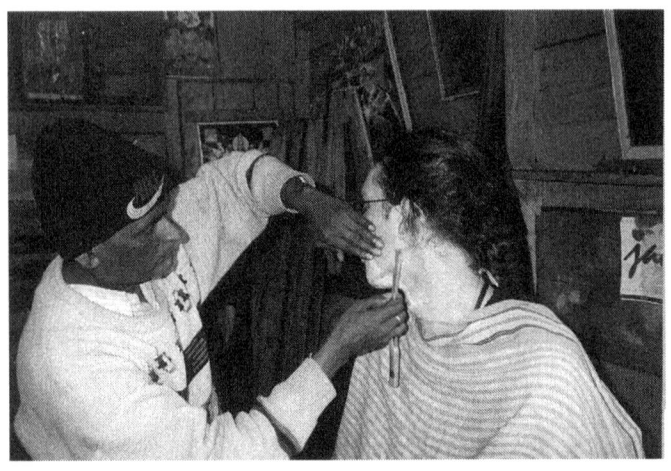

Später am Nachmittag begann es zu regnen, und wir saßen mehrere Stunden auf den überdachten Bänken im Garten unseres Hotels. Rimbik ist ein schöner, ruhiger Ort zum entspannen, und Sabine wäre gerne noch einen Tag geblieben, aber unser Plan ließ dafür leider keine Zeit. Kurz nach unserer Ankunft traf auch die Engländerin mit ihrem Führer ein, auch für sie war es die letzte Etappe ihrer Tour. Während des Abendessens im Hotel berichteten wir von den Erlebnissen des Tages und das erste Bier nach langer Zeit schmeckte besonders gut. Das Hotelpersonal kümmerte sich am Abend noch um zwei Jeep-Plätze für die Fahrt nach Darjeeling, die Abfahrt sollte um 6.00 Uhr am nächsten Morgen sein. Die Nacht war jedoch schon um 5.00 Uhr vorbei, denn wir wollten vor unserer Abfahrt ja noch ordentlich frühstücken. Gegen 5.45 Uhr tauchte unser Jeep aus dem Nebel auf und wenig später ging es los in Richtung Darjeeling. Ja, und was war mit dem Hund? Wir haben den Hund noch ein paar mal gesehen, doch angesichts der großen Anzahl von Artgenossen hatte er das Interesse an uns verloren, was wir keine Minute bedauert haben.

Die Jeepfahrt verlief ohne besondere Zwischenfälle und gegen Mittag kamen wir in Darjeeling an. Der Weg führte uns direkt ins *Dekeling Hotel*, unserer indischen Heimat. Es war gut, dass Sabine vorgebucht hatte, denn wir freuten uns schon auf das gewohnte Umfeld und hatten auch keine Lust wieder mit dem ganzen Gepäck auf Hotelsuche zu gehen. Die nächsten Tage sollten der Erholung dienen, aber bis zur Abfahrt nach Sikkim waren auch noch ein paar Formalitäten zu erledigen.

Strecke: 50-70km / 4-5 Stunden Fahrzeit

DARJEELING IV - GANGTOK I
VON INDIEN NACH SIKKIM

Sikkim-Visum

Die Tage der Erholung hatten wir echt nötig, denn nach diesen recht anstrengenden Trekking-Etappen waren wir doch sehr erschöpft. Wir kamen am Freitag in Darjeeling an und bemerkten leider zu spät, dass das *Office of the District Magistrate* erst wieder am Montag öffnen würde. Das *Office of the District Magistrate* sollte unser erster Anlaufpunkt für das benötigte Sikkim-Visum sein. Wir hatten das ganze Wochenende also keine Verpflichtungen und machten ein paar kleinere Ausflüge in Darjeeling und planten die nächste Tour. Wir wollten direkt nach Gangtok fahren, um sowohl die Stadt als auch die Umgebung zu erkunden, und wir hofften auch hier eine Möglichkeit zu finden, wieder richtig hohe Berge zu sehen. Aber vorher benötigten wir ja noch das Visum. Wir hatten uns ja schon in Deutschland informiert und vorsichtshalber ein paar Kopien von Paß und Visum sowie jeweils zwei Fotos mitgenommen. Die Prozedur sollte wie folgt ablaufen:

1. Akt: Vorsprechen beim *District Magistrate (DM Office)*
2. Akt: Besuch des *Foreigners Registration Office*
3. und letzter Akt: Erteilung des Visums beim *District Magistrate (DM Office)*

Das Schauspiel begann am Montag so gegen 9.00 Uhr nach dem Frühstück. Bei einem unserer Wochenendausflüge hatten wir den Weg zum *Office of the District Magistrate* schon erkundet, so dass wir ohne große Probleme das Gebäude gegen 9.45

Uhr erreichten. Der Schalter sollte zwar erst um 10.00 Uhr öffnen, doch als ein Beamter uns bemerkte, wurden wir gleich mit dem richtigen Formular versorgt. Bemerkenswert war, dass wir, obwohl wir nicht verheiratet sind, nur ein Formular ausfüllen mussten. Wie schon/noch so oft mussten wir sämtliche Pass- und Visadaten eintragen und bekamen nach wenigen Minuten ein weiteres Formular. Mit diesem Formular sollten wir nun zum *Foreigners Registration Office* gehen, ich möchte an dieser Stelle erwähnen, das sich dieses Office am anderen Ende der Stadt befindet.

Nach einem etwa 30 minütigen Spaziergang quer durch die Stadt fanden wir das *Foreigners Registration Office* und wurden auch gleich bedient. Wir wurden in einen recht großen Raum geführt, dessen Einrichtung aus einem fast leeren Schreibtisch, mehreren Stühlen sowie großen Regalen mit großen Büchern bestand. Der Beamte begrüßte uns sehr freundlich und begann so gleich unsere kompletten Pass- und Visadaten in eines seiner Bücher einzutragen. Unser Formular wurde danach abgestempelt und es konnte weiter gehen. Der Weg zum *Office of the District Magistrate* war uns ja schon bekannt, so das wir den Rückweg wohl etwas schneller absolvierten. Der 3. Akte ähnelte dem 1. Akt, mit dem kleinen Unterschied, dass wir am Ende das dringend benötigte Sikkim-Visum in unseren Händen hielten, wir hatten es geschafft.

Diese Prozedur hat uns einen tiefen und sehr interessanten Einblick in den indischen Beamtenapparat gegeben. Obwohl sich die beschriebene Prozedur sicherlich vereinfachen ließe, muss ich sagen, dass alle Personen uns sehr freundlich und zuvorkommend behandelt haben, wir nie warten mussten, uns das Visum keine Rupie gekostet hat und wir unsere mitgebrachten Kopien und Fotos nicht benötigten. Ein Vorbild für Deutschland? Ein sehr schöner Artikel zu diesem Thema wurde im MERIAN Heft 11/52 *Indiens Norden* unter dem Titel: *Paschas auf dem Stempelkissen* veröffentlicht. Jetzt durften wir jedenfalls endlich nach Sikkim fahren. Wir buchten für Dienstag zwei Jeep-Plätze nach Gangtok (Zwei Personen 260Rs) und waren froh, dass es endlich weiter ging.

Ankunft in Gangtok

Das Wetter an unserem Abreisetag war ungewohnt freundlich und sonnig, endlich konnten wir die Landschaft um Darjeeling erahnen! Doch der Abschied fiel uns nicht schwer, denn jetzt ging es ja nach Sikkim. Sikkim ist ein ehemaliges Königreich und kam erst am 16. Mai 1975 als 22. Staat, mehr oder weniger freiwillig zu Indien. Die Bevölkerung besteht überwiegend aus Nepali und Lepcha. Die Hauptstadt heißt Gangtok und hat 45.000 Einwohner. Das Land ist bekannt für seine Brauereien und Destillerein. Der Jeep fuhr, soweit ich mich erinnern kann, planmäßig so gegen 9.00 Uhr ab. Außer uns machte sich noch eine indische Familie sowie ein Ehepaar auf die Reise. Die Fahrt verlief zuerst ohne Probleme, wir fuhren durch tiefe Täler, über diverse Brücken und bemerkten, das es immer wärmer wurde. Unser Jeep war vollbesetzt und hin und wieder klammerten sich eine paar zusätzliche Passagiere an unser Gefährt, um bis zum nächsten Dorf mitgenommen zu werden. Das dieses Verhalten auch nach der indischen Straßenverkehrsordnung nicht rechtens ist, wurde uns klar, als unsere Fahrer hierfür eine Strafe von einigen hundert Rupee zahlen musste. Es fiel uns auf, dass sich die Frequenz, in der uns Armeelastwagen entgegenkamen, antiproportional zur Entfernung von Gangtok verhielt, d.h. je näher wir der Hauptstadt kamen, desto mehr Militärfahrzeuge begegneten uns. Sabine machte die etwas beängstigende Feststellung, das sich unserer Fahrer manchmal, während er fuhr, ein kleines Nickerchen erlaubte.

<Sabine> Leider hatte ich den Platz im Jeep erwischt, von dem aus ich den Fahrer in seinem Rückspiegel sehen konnte. Er war offensichtlich todmüde und schlief immer wieder kurzfristig ein. Manchmal blieb mir beinahe das Herz stehen. Aber der Mitfahrer neben dem Fahrer schien das Problem erkannt zu haben und sprach in den entsprechenden Momenten den Fahrer oft von der Seite an. </Sabine>

Der Grenzübertritt nach Sikkim war kein Problem und so näherten wir uns unaufhaltsam unserem Ziel. Unaufhaltsam? Etwa 10km vor Gangtok hielten wir vor einer Werkstatt an, unserer Fahrer lud das mitgeführte, jedoch platte Reserverad aus und sprach danach kurz mit einem Werkstattmitarbeiter, bevor wir die Fahrt fortsetzten. Wenige Kilometer später, in einem Vorort von Gangtok, passierte was passieren musste, wir hatten einen Platten aber kein Reserverad.

Da standen wir nun, irgendwo in Sikkim, wo wussten wir nicht genau, doch bis nach Gangtok konnte es nicht mehr weit sein. Der Jeepfahrer demontierte das defekte Rad und verschwand damit ohne einen Kommentar. Wir haben ihn nie wieder gesehen! Wir warteten wie all die anderen eine ganze Weile am Straßenrand, aber nichts passierte. Nach etwa einer halben Stunde begann es zu regnen, von unserem Jeepfahrer weiterhin keine Spur. Ein Mitfahrer versuchte vergeblich sein Gepäck vom Dach des Jeeps zu hieven, es fehlte ihm sowohl an Kraft, als auch an Größe und Geschick. Die indische Familie indes versuchte ein Taxi zu stoppen, was bei einer Gruppe von fünf Personen auch nicht ganz einfach war. Und wir? Wir schauten uns das ganze Treiben in aller Ruhe an und beschlossen, dass es UNS doch gelingen müsste aus dieser unbefriedigenden Situation zu entkommen. Gesagt, getan. Sabine versuchte ein Taxi zu stoppen, während ich auf das Dach unseres verwaisten Jeeps kletterte. Ein Taxi blieb stehen, Sabine nahm die Rucksäcke entgegen, wir quetschen uns und unsere sieben Sachen ins Taxi und ca. 15 Minuten später und 15Rs ärmer kamen wir endlich in Gangtok an.

Es regnete als wir uns auf die Suche nach einem netten Hotel machten. Durch die kleine Verzögerung bei unserer Anreise, war es mittlerweile später Nachmittag geworden und die Orientierung in Gangtok war, wie in Darjeeling, nicht ganz einfach. Wir klapperten diverse Hotels ab, doch so richtig gefiel uns keins. Als wir schon fast keine Lust mehr hatten (es regnete immer noch) kam Sabine auf die Idee, etwas außerhalb der Stadtmitte, am Hang nach einem Hotel zu suchen. Der Weg war zwar steil und beschwerlich, doch wurden wir hier endlich fündig. Das *Hotel Pomra* wurde unser Quartier für die nächsten Tage, wir waren endlich in Sikkim angekommen!

Gangtok erinnerte uns wegen seiner Hanglage und verschiedener andere Details sehr an Darjeeling, doch stellten wir schnell fest, dass es hier etwas beschaulicher zugeht und die ganze Stadt sauberer ist. Das *Hotel Pomra* liegt weit oben am Hang in der Nähe von *The Palace* etwas unterhalb von *The Ridge* auf der Secretariat Road, auch Banu Path genannt. Das Hotel wird von einer netten Familie geführt und wir fühlten uns hier, etwas oberhalb des Zentrums, sehr wohl. Unser Zimmer war geräumig, sauber und hell, mit eigenem Badezimmer und Blick auf die Stadt. Als wir ankamen gab es keinen Strom. Die Frage lautete: Handelt es sich hier um ein Hotel ohne Strom oder um einen Stromausfall? Nach etwa einer Stunde kam die Erleuchtung: 375Rs für ein Zimmer mit Strom. In den kommenden Tagen erkundeten wir Gangtok.

Auf unserer ganzen Reise gab es eigentlich nicht sehr viele verschiedene Autotypen zu sehen. Die meisten Autos sind Taxis oder Jeep-Taxis. Weiterhin sind Exemplare der folgenden Gattung zu bestaunen:

Wie wohl in ganz Indien, so werden auch in Gangtok die meisten Güter per LKW transportiert. Sie sind meist farbenfroh bemalt und mit Schriftzügen wie: *Goods Carrier - Blow Horn* oder *Public Carrier* versehen. Es handelt sich meist um Fahrzeuge der indischen Marke *TATA*.

<Sabine> Was uns beim Anblick dieses LKW irritierte waren die Hakenkreuze. Aber auf dieses Symbol stießen wir häufig auf unserer Reise. Die sogenannte *Swastika* findet man immer wieder an Häuserfassaden, auf Landkarten als Symbol für eine buddhistische Sehenswürdigkeit oder aber wie hier als Verzierung an einem LKW. Der Begriff stammt aus dem Sanskrit und ist ursprünglich ein altindisches Sonnen- und Fruchtbarkeitszeichen; die wörtliche Bedeutung lautet »Das, was heilvoll ist«. Die Benutzung dieses asiatischen Glückssymbols durch den Nationalsozialismus kann nicht anders als Missbrauch bezeichnet werden. </Sabine>

GANGTOK II
AUSFLÜGE

Wie schon im Kapitel *Darjeeling - Ausflüge*, möchte ich hier in beliebiger Reihenfolge kurz die Ausflüge beschreiben, welche wir von Gangtok aus gemachten haben.

Dro-Drul Chorten & Gompa

Diese riesige Chorten ist umgeben von 108 *Prayer Wheels* (Gebetsmühlen) und auf dem Weg vom *Tibetology Institute* kann man auf der rechten Seite durch einen Wald von *Prayer Flags* (Gebetsfahnen) gehen. Bei unserem Besuch waren sehr viel junge Mönche und Nonnen anwesend.

Lal Bazar

Der *Lal Bazar* ist ein offener Markt unterhalb des *Main Market*. Es gibt hier Gewürze, Gemüse, Obst, Fleisch, Kleidung, einfach alles, was man zum Leben benötigt. Die olfaktorischen (lat. den Riechnerv betreffend) Eindrücke sind vielfältig, aber nicht immer angenehm. Auf dem Weg zum *Lal Bazar* kamen wir an einem kleinen Kiosk vorbei. Das besondere an diesem Laden war seine geringe Höhe von maximal einem Meter sowie seine Lage unter einer Treppe. Der Eigentümer oder Pächter kann in seinem Laden also nicht stehen und muss ausschließlich sitzend arbeiten. Und seine Kunden können nur ebenso bei ihm einkaufen.

Farbenfrohe Häuser

Auf dem Weg vom *Hotel Pomra* in die Innenstadt kamen wir an dem farbenfrohen Restaurant, das auf dem nächsten Bild zu sehen ist, vorbei. Mir gefiel das Haus so gut, dass ich Sabine überredete, auf dem Heimweg hier zu Essen. Das Essen war gut, aber nur die Bemalung war außergewöhnlich. In Gangtok fanden wir noch mehrere Häuser dieser Art.

The Ridge – Flower House

The Ridge bezeichnet den Bergkamm oberhalb der Innenstadt. Es handelt sich hierbei um ein parkartiges Gebiet, welches den Palast - *The Palace* mit *White Hall* verbindet, es ist verkehrsarm und lädt zum gemütlichen Spaziergang ein. Am einen Ende befindet sich das *Flower House*, in welchem von Mitte März bis Mai das jährliche Orchideen Festival stattfindet. Leider waren viele der Orchideen schon verblüht als wir hier eintrafen, doch haben wir die 5Rs Eintrittsgeld nicht bereut. Das kleine Teehäuschen im Ridge Park ist in landestypischer Art und Weise verziert. Wie Nina Hagen schon sagte: »Es ist alles so schön bunt hier!«

The Namgyal Institute of Tibetology oder

Sikkim Research Institute of Tibetology (SRIT)

Es handelt sich hierbei um eine Einrichtung, welche die tibetische Kultur und Geschichte bewaren soll, was gerade angesichts der aktuellen politischen Lage in Tibet sehr sinnvoll erscheint. Das Institut wurde 1957 vom XIV. Dalai Lama gegründet und 1958 von Pandit Jawaharlal Nehru eingeweiht. Es ist dass einzige Institut der Welt, welches sich mit tibetischer Kultur und Sprache beschäftigt. Im Museum werden diverse religiöse

Gegenstände ausgestellt sowie eine reichhaltige Bibliothek mit über 30.000 Büchern. Leider sind zu den Götterabbildungen und Statuen nur sehr kurze Beschreibungen vorhanden, so dass sich dem nicht-buddhistischen Besucher die Details nur sehr schwer erschließen. Das Gebäude ist im tibetischen Stil errichtet und ist etwa 200m entfernet von der Do-Drul Chorten im Süd-Osten der Stadt.

Rumtek Monastry — World Darma Chakra Centre

In Rumtek befindet sich das größte tibetisch-buddhistische Kloster Sikkims, es ist der Sitz des Karmapa. Der Gyalwa Karmapa ist Kopf des Karma Kagyupa Ordens, der einflussreichsten buddhistischen Sekte dieses Gebietes. Die Frage der Reinkarnation des 1981 gestorbenen 16. Karmapa ist mittlerweile zum Politikum geworden, da verschieden Gruppierungen, darunter auch die chinesische Regierung, unterschiedliche Personen benannt haben. Wir beschlossen, um etwas an Flexibilität zu gewinnen und Geld zu sparen, mit einem Jeep nach Rumtek zu fahren und den Heimweg erst einmal offen zu lassen. Die 24km lange Strecke legte der Jeep in etwa 45 Minuten zurück. Am Eingang der kleinen Stadt mussten wir unsere Namen registrieren lassen und konnten dann das Gelände betreten. Die Ansammlung von Gebäuden besteht aus einem Hotel, einer Bank, einer Schule, diversen Shops, dem Haupttempel, der goldenen Stupa, dem *Karmae Shri Nalande Institute* und einigen Unterkünften für die Mönche. Die vielen Gebäude bilden wirklich eine kleine Stadt.

Der vierstöckige Haupttempel wurde 1966 fertiggestellt und kombiniert neue Materialien wie Stahl und Beton mit alten tibetischen Mal- und Holzschnitztechniken. Das *Karmae Shri Nalande Institute* ist eine buddhistisch-tibetische Universität. Der Unterrichtsplan beinhaltet Kurse zu buddhistischer Philosophie, Logik und Geschichte sowie zur tibetischen Literatur und Sprache, und weiterhin Unterweisung in Sanskrit, Englisch und Hindi. Nach neun Jahren erfolgreichen Studiums erhalten die Mönche den Universitätsabschluss *ACHARYA*.

Nachdem wir einen ausgiebigen Spaziergang durch das Gelände gemacht hatten, beschlossen wir uns erst einmal zu stärken. Wir genossen den Tee und die leckeren Samosas an einem der kleinen Shops und bestellten gleich noch eine Runde.

Die Heimfahrt gestaltete sich zu Anfang etwas schwierig, da wir ja, wie schon gesagt, die etwas billigere Transportvariante mit dem Jeep gewählt hatten. Wir mussten feststellen, dass überwiegend reservierte Taxis vor dem Gelände warteten und kein Jeep zu sehen war. Nach etwa 20 Minuten hatten wir doch Glück und konnten in einem fast leeren Jeep nach Gangtok zurückfahren.

DZONGRI TREK I
PLANUNG UND START

Auf Empfehlung unseres Hotels gingen wir zu *Wisdom Tours & Travels* um uns nach einer geeigneten Trekking Tour zu erkundigen. Das Büro befindet sich direkt neben der *Tourist Information* auf der M.G.Marg, der Hauptstraße Gangtoks. Büro ist eigentlich nicht der richtige Begriff für diesen fünf Quadratmeter großen Raum, denn die Einrichtung bestand nur aus einem Schreibtisch mit Stuhl, einer Bank und ein paar Bildern an den Wänden. Eine der ersten Fragen bezog sich auf die Dauer unseres geplanten Treks, und als wir begannen unsere verbleibenden Tage zu notieren, mussten wir mit Schrecken feststellen, dass unser Urlaub schon fast vorbei war. Es blieben uns leider nur noch fünf Tage für den Trek, und wir beschlossen folgende Route: Gangtok, Yuksam, Tshoka, Dzongri, Tshoka, Yuksam und dann weiter nach Kalimpong. Wir hätten gerne einen längeren Trek unternommen, doch sollte unsere Abreise zurück nach Deutschland auch nicht zu hektisch werden. Der Preis von 40US$ pro Person und Tag erschien uns angemessen für ein all-inklusiv Paket (Anreise, Unterkünfte, Verpflegung, Träger, Führer, Gebühren usw.), wir wurden uns einig.

Zuerst musste das Reisebüro für uns ein spezielles Visum, das *Restricted Area Permit*, beantragen und wir waren etwas erstaunt, dass dies auch für eine Reisegruppe von nur zwei Personen möglich ist, da in vielen Reiseführern (z.B. *Lonely Planet*) von einer Gruppengröße von mindestens vier Personen die Rede war. Generell kann man sagen, das die *Permits* zwar notwendig sind, da sie immer und überall kontrolliert werden, aber die Beantragung kein wirkliches Problem darstellt. Wir nutzten den nächsten Tag um Gangtok und seine Umgebung noch etwas zu erkunden, doch dann begann der Trek endlich.

Start

Unser Führer holte uns wie vereinbart am Morgen pünktlich vom Hotel ab. Der Fond des Jeeps war schon mit diversen Ausrüstungsgegenständen und Lebensmitteln gefüllt, als uns der Fahrer half, unsere vollgepackten Rucksäcke zu verstauen. Unser Führer für die nächsten Tage war Herr Thupten Tsering, ein Inder tibetischer Abstammung, dessen Alter wir auf Ende 30 schätzten. Herr Thupten war von Anfang an angenehm zurückhaltend und höflich, und sehr um unser Wohlergehen besorgt. Auch wenn der Trek jetzt schon viele Wochen vorbei ist, sind Sabine und ich uns immer noch einig, wir hätten keinen besseren Führer haben können und Herrn Thupten verdanken wir die schönsten und interessantesten Tage unseres Urlaubs. Auf der Fahrt wurde wenig geredet, aber Herr Thupten beantwortete unsere Fragen zur Strecke und Umgebung detailliert und ausführlich. Während des Mittagessens in Naya Bazaar/Jorethang, mussten wir sowohl Fahrzeug als auch Fahrer wechseln, da unserm bisherigen Fahrer für den Rest der Strecke eine Genehmigung fehlte. Sabine musste sehr bald feststellen, dass Herr Thupten es scheinbar nicht gewohnt war, direkt mit Frauen zu sprechen, denn egal wer von uns eine Frage stellte, die Antwort erhielt immer ich. Erst am Ende unseres Treks konnte sich Sabine auch in meiner Abwesenheit mit Herrn Thupten unterhalten.

Gangtok-Yuksam

Auf unserer Fahrt von Gangtok nach Yuksam entlang der Flüsse Teesta und Rangit, sahen wir auch einige Staudämme und Wasserkraftwerke, diese Projekte der *National Hydroelectric Power Corporation - NHPC* werden sowohl von der Bevölkerung als auch von Umweltschutzorganisationen sehr skeptisch betrachtet. Die erzeugten Energiemengen werden zwar dringend benötigt, diese aus wirtschaftlicher Sicht notwendigen Projekte bedingen jedoch umfangreiche Eingriffe in die Natur und das Ökosystem.

Auch religiöse Gruppierungen haben speziell gegen das *Rathong River Projekt* protestiert, da sehr viele heilige Stätten von Uberflutung durch das aufgestaute Wasser betroffen waren. Einen leerstehenden Häuserkomplex mit ca. 20 Gebäuden der Teil dieses Projektes war, haben wir später in Yuksam gesehen.

<Sabine> An einer Stelle der Strecke war eine verlassene heilige Stätte der Hindus gut zu sehen, die nun aufgrund des hohen Wasserpegels im Tal nicht mehr aufgesucht werden kann. </Sabine>

Nach einer kurzen Rast in Tashiding kamen wir am frühen Nachmittag endlich in Yuksam an und bezogen sogleich unser Zimmer im Hotel *Wild Orchid*. In Yuksam endet die Strasse und hier beginnt die *Restricted Area*, also das Gebiet, welches nur noch mit einem Spezial-Visum, dem *Innerline Permit*, betreten werden darf. In Yuksam beginnt auch der *Kanchendzonga National Park - KNP*.

Eine wichtige und aus unserer Sicht sehr heikle Frage stand immer noch unbeantwortet im Raum: Wie viele Personen gehen mit uns, und Tragen die Träger auch unser Gepäck? Es stellte sich heraus, dass neben Sabine und mir, unser Führer, zwei Träger sowie ein Koch unsere kleine Expedition begleiten würden, also insgesamt sechs Personen. Wir wurden gebeten, unsere Ausrüstung für die nächsten Tage in einem Rucksack zu verstauen, der andere wurde in unserem Hotel deponiert. Der Gedanke, dass in den nächsten Tagen Träger unsere Ausrüstung transportieren würden, war schon sehr komisch, und es dauerte eine ganze Weile bis wir diese Aufgabenverteilung wirklich akzeptierten.

<Sabine> Erst als wir feststellten, dass es unsere Begleiter mit Stolz erfüllte, uns unseren Trek so angenehm wie möglich zu gestalten, und dazu zählte eben auch das Tragen unseres Gepäcks, fiel mir der Anblick unseres Rucksacks auf dem Rücken eines Trägers nicht mehr so schwer. </Sabine>

Strecke: 70km / 5 Stunden Fahrzeit / Zielhöhe 1.780m

Yuksam-Tshoka

Der Dzongri Trek wird seit einigen Hundert Jahren von Hirten und ihren Yak Herden benutzt, um auf die Weiden oberhalb 3.000m Höhe zu gelangen. Der erste Europäer nutzte 1890 den Trek auf dem Weg zum *Guicha La* und im Jahr 2000 waren wir dran. Nach etwa einer halben Stunde hatten wir das Dorf hinter uns gelassen und einen letzten Checkposten passiert. Wir überquerten einige Hängebrücken, welche mit Gebetsfahnen geschmückt waren, und langsam ging es bergauf. 1.200 Höhenmeter lagen bis Tshoka noch vor uns.

Der Koch und die Träger starteten nach uns, doch nach wenigen Stunden hatten sie uns überholt. Ihre Ausrüstung bestand aus einem geflochtenen Tragekorb, gefüllt mit allem Notwendigen für sechs Personen: Kochgeschirr, Töpfe, Pfannen, Lebensmittel, unserem Rucksack und oben drauf noch etwa 30-40 Eier. Der Korb wurde mit einem Riemen über der Stirn transportiert und an den Füßen trugen sie Badeschlappen. An diesem ersten Tag überraschte uns das Überholen noch ein wenig, doch es sollte zu einem täglichen Ritual werden.

Gegen Mittag machten wir an einem Brückenkopf Rast und unsere Begleiter begannen sofort mit der Zubereitung eines Vier-Gänge Menüs. Nach etwa einer halben Stunde wurde serviert: Suppe als Vorspeise, Chowmein mit Fried Noodles, etwas Rohkost und natürlich ein Nachtisch. Auch an den folgenden Tagen genossen wir das leckere Essen in vollen Zügen und Sabine vermutet, dass dies der einzige Trek sei auf dem man zunehmen könne.

Der Weg führte durch eine urwaldartige Landschaft mit Orchideen und fleischfressenden Pflanzen. Wir begegneten bis Tshoka nur wenigen Leuten und langsam gewöhnten wir uns auch an unseren Führer, der unsere vielen Fragen zu Fauna, Flora, Religion, Landschaft und Lebensgewohnheiten ruhig und detailliert beantwortete. Dieser Streckenabschnitt war zwar körperlich recht anstrengend, doch da wir, außer einem kleinen Rucksack, keine Lasten zu tragen hatten, konnten wir uns ganz auf die Landschaft konzentrieren und genossen die unbeschwerte Art der Fortbewegung.

Wir kamen am frühen Nachmittag, bei trockenem Wetter in Tshoka an und quartierten uns gleich in der privaten Trekker's Hut ein. Diese Hütte, gleich am Anfang der Siedlung, ist erst einige Jahre alt und in sehr gutem Zustand. Sie befindet sich gegenüber der staatlichen Hütte und man erkennt sie an ihrer grünen Farbe.

Strecke: 16km / 6 Stunden / Zielhöhe 3.006m

DZONGRI TREK II
TSHOKA

Tshoka ist eine kleine tibetische Siedlung, die nur im Sommer bewohnt wird, mit nur wenigen Häusern und einer kleinen Monastery. Vor etwa 30 Jahren überließ der damalige König von Sikkim tibetischen Flüchtlingen dieses Stück Land. Die Schwester unseres Führers lebt hier mit ihren Tieren und wir durften sie in ihrem Haus besuchen. Sie war gerade mit der Butterherstellung beschäftigt, als wir sie in ihrer Küche trafen. Später am Abend besuchten wir ihr Haus noch einmal um *Chang* - selbstgebrautes „Bier" - zu probieren.

Außer den wenigen Gebäuden hat das Dorf auch noch einen kleinen heiligen See zu bieten. Die Dorfbewohner waren gerade damit beschäftigt, aus großen Baumstämmen eine neue Brücke über den See zu bauen, als wir uns im Dorf etwas umsehen wollten. Die Stämme wurden weiter oben im Wald geschlagen und dann einfach den steilen Abhang zum Dorf herunter geschleift. Hier direkt am See wurden sie dann weiterverarbeitet und zu einer kleinen Personenbrücke zusammengefügt.

Von hier hatten wir zum Teil sehr gute Sicht auf die beeindruckenden Berge der Umgebung, aber auch zurück in Richtung Yuksam. Tshoka gefiel uns sehr gut, und das, obwohl es während unseres Aufenthalts öfters regnete. Die Dorfbewohner strahlten eine angenehme Zufriedenheit aus und die Yak Herden, welche durch das Dorf getrieben wurden, vervollständigten noch die Idylle. Dass es sich hier nicht um eine wirkliche Idylle handelt und die Bewohner sowohl mit ökologischen wie auch wirtschaftlichen Problemen kämpfen war uns klar, nichtsdestotrotz genossen wir unseren Aufenthalt in Tshoka.

<Sabine> Für mich war die Ruhe, die die Menschen trotz aller Sorgen ausstrahlen, die Gelassenheit, sehr beeindruckend.. </Sabine>

Bisher waren wir auf unsere Reise von Insekten aller Art verschont geblieben. Sabine hatte zwar viel über *Leeches* (Blutegel) gelesen, aber bisher noch keinen einzigen gesehen und das sollte auch, bis auf eine kleine Ausnahme, für den Rest des Urlaubes so bleiben. Leider wurden wir in Tshoka von Mücken unbekannter Spezies heimgesucht und Sabines Beine waren noch Wochen nach unserem Urlaub entstellt. Die Stiche juckten erbärmlich und nach ein paar Tagen bildeten sich kleine Blasen, auf eine detailliertere Beschreibung möchte ich hier allerdings lieber verzichten. Wer jetzt über ein mögliches Malariarisiko nachdenkt, dem sei gesagt, dass speziell in Sikkim und allgemein in Höhen über 2.000-2.500m die Ansteckungsgefahr gegen Null geht.

Wie schon gesagt besuchten wir das Haus von Thuptens Schwester an diesem Tag ein weiteres mal, *Chang* (auch *Thomba* genannt) ein selbstgebrautes „Bier" stand auf der Speisekarte.

Hier das Rezept:
- *Millet* (Hirse) wie Reis kochen, danach abkühlen lassen
- *Yeast* (Hefe) bei ca. 40 Grad Celsius hinzugeben und verteilen, warm, luftdicht und dunkel stellen und mindestens eine Woche warten

Genaue Mengenverhältnisse und Gärzeiten haben wir dem *Lhasa Moon Tibetan Cookbook* entnommen. Sabines erster Versuch dieses Rezept in Deutschland umzusetzen war vielversprechend, aber leider nicht genießbar. Der zweite Versuch war sehr erfolgreich, die Mischung stimmte und nach einer Woche konnten wir das Ergebnis kosten. Die Kommentare reichten von »Interessant«, »Mal was Anderes«, »Gar nicht so schlecht« bis zu »Erinnert mich irgendwie an Patex«, »Riecht nach Ethanol«.

Es steht jedoch fest, dass das Getränk alkoholhaltig war und wir den Genuss auch am Tag danach nicht bereut haben.

<Sabine> In Tshoka schmeckte es fast weinartig: leicht, etwas fruchtig und leicht säuerlich. Und es machte bei der Höhe und nach der körperlichen Anstrengung einen gehörigen Schwipps. </Sabine>

Chang wird in Bambus-Bechern serviert, mit heißem Wasser aufgegossen und durch einen speziellen Strohhalm getrunken. Sabine und ich wurden gut mit *Chang* versorgt, und es folgte Aufguss auf Aufguss dieses interessanten Getränkes. In der Hütte hatte sich mittlerweile das halbe Dorf versammelt und außer *Chang* wurde auch eine andere, uns gänzlich unbekannte, klare, alkoholische Flüssigkeit konsumiert und obgleich wir kein Wort verstanden, fühlten wir uns sehr wohl. Spätere Recherchen ergaben, dass es sich bei dem alkoholischen Getränk eventuell um *Arrak* (Branntwein aus Reis oder Kartoffeln) gehandelt haben könnte. Die Nacht war sehr klar und kalt und man konnte sogar die Lichter von Darjeeling in der Ferne erkennen. Wir wurden gegen 5.30 Uhr mit einem *Early Morning Tea* begrüßt und um Punkt 6.00 Uhr gab es Frühstück, welches wir im Freien vor der Hütte einnahmen.

Das Frühstück bestand aus Tee oder Kaffee, Eiern in unterschiedlichster Ausführung, Brot, Marmelade, Käse und variierte jeden Tag. Wir hatten wieder Glück mit dem Wetter, denn es war zwar noch leicht bewölkt, doch es schien ein guter Tag zum trekken zu sein. Nachdem wir unsere Schlafsäcke und sonstigen Ausrüstungsgegenstände wieder verstaut hatten, begann der Aufstieg Richtung Dzongri.

Tshoka - Dzongri

Auch an diesem Tag mussten etwa 1.300 Höhenmeter Anstieg bewältigt werden. Langsam bemerkten wir die Auswirkungen der zunehmenden Höhe und wir waren froh, dass wir nur unseren Tagesrucksack tragen mussten. Je höher wir kamen, desto mehr blühende Rhododendrenbüsche sahen wir, denn ein Höhenunterschied von etwa 1.000m bewirkt eine Verschiebung der Vegetationsphasen um etwa eine Woche. Herr Thupten kannte jede Abkürzung und in den Fällen, in denen Sabine oder ich an der Spitze gingen, war der Ruf *Shortcut* (Abkürzung) eine klare Aufforderung, doch den kürzeren, aber meist steileren Weg zu nehmen.

Wie ich schon in der Einleitung dieses Berichts sagte, sind Sabine und ich recht sportlich und unser übliches Wandertempo ist mit der Geschwindigkeit so manches Nidda-Joggers vergleichbar, so dass wir sehr froh darüber waren, dass unser Führer ein ordentliches Tempo vorlegte. (Die Nidda ist ein Fluß in Frankfurt und entlang des Ufers verläuft eine auch bei Außenministern sehr beliebte Laufstrecke.) Wir machten zahlreiche Pausen und entdeckten sehr unterschiedliche und zum Teil recht eigenartige Pflanzen, doch leider konnte ich mir deren Namen nicht merken, aber bei einigen wird es sich um spezielle Rhododendrenarten gehandelt haben.

<Sabine> Herr Thupten machte uns auch auf kleine grüne Röllchen (etwa drei Zentimeter lang) aufmerksam, die zahlreich auf dem Weg zu finden waren: Es handelte sich um relativ große Baumblätter, die sorgfältig gefaltet und zusammengerollt waren. Von wem? Von Vögeln! </Sabine>

Gelegentlich trafen wir auf einzelne Personen und Herr Thupten nutzte die Gelegenheit für ein kurzes Gespräch, es schien als ob er jeden Menschen hier persönlich kannte. Gegen Mittag erreichten wir Dzongri, ob der Höhe schon etwas atemlos.

Strecke: 10km / 4 Stunden / Zielhöhe 4.030m

DZONGRI TREK III

DZONGRI

Der Name Dzongri beschreibt eigentlich weder eine Siedlung noch einen richtigen Gipfel; denn außer einer Trekker's Hut gibt es hier nicht viel. Der Name steht vielmehr für ein ausgedehntes Plateau auf etwa 4.000m Höhe, welches als Yak-Weide dient und dem Gipfel auf etwa 4.300m Höhe.

Die Trekker's Hut in Dzongri stellt eine sehr einfache Übernachtungsmöglichkeit dar und verglichen mit all den anderen Hütten müssen wir ihr die Auszeichnung extrem primitiv und heruntergekommen verleihen. Die Räume waren rußgeschwärzt und der allgemeine Zustand des Gebäudes war schlecht, so dass wir uns nur sehr langsam an diese Behausung gewöhnten. Wir hatten gutes Wetter und konnten uns zum Glück auf einer Wiese etwas sonnen. Als wir zurück auf die Hütte schauten, im Hintergrund die Wolken und den blauen Himmel sahen, im Vordergrund die grüne Wiese, erinnerte uns das Bild doch sehr an eine Alm in den Alpen.

<Sabine> Die Merian Publikation *Indiens Norden* zitiert einen Einheimischen folgendermaßen zum Thema: »Dzongri ist das Paradies, das sagen alle, die jemals dort oben waren.« Ich kann nur sagen: Er hat Recht. </Sabine>

Außer unserem kleinen Expeditionsteam war noch eine Pilgergruppe anwesend, welche wir schon auf dem Weg mehrfach gesehen hatten. Jüngstes Mitglied dieser Gruppe war ein drei bis vier Jahre alter Junge, und obwohl wir wussten, dass er den größten Teil der Strecke getragen wurde, fanden wir es doch beeindruckend, dass er auf einer solchen Tour dabei sein durfte. Die 4.000m Höhe schienen ihm nichts auszumachen und er spielte mit seinen Eltern eine ganze Weile neben der Hütte. Kurz nach unserer Ankunft wurden wir von unserer Crew mit heißem Tee versorgt, doch diesmal hatten sie sich noch etwas besonderes einfallen lassen: Es gab Popcorn!

Herr Thupten wollte mit uns einen kleinen Spaziergang machen und da es noch früher Nachmittag war, nahmen wir das Angebot gerne an. Da die Hütte selbst von hohen Bergen umgeben ist, hatten wir bisher noch nicht viel von der Landschaft gesehen. Der Weg führte von unserer Unterkunft aus über einen kleinen Hügel. Wenig später sahen wir das Dzongri-Plateau und weiter entfernt eine kleine Hütte, diese sollte unser Ziel sein. Yak-Hirten nutzen das Häuschen während der Weidezeit als Unterkunft und es überraschte uns nicht, dass Herr Thupten die Yak-Hirten kannte. Wir wurden in ihre Hütte eingeladen und wenig später wurde uns Tee mit Yak-Milch angeboten. Da saßen wir also in einer kleinen Yak-Hirten-Hütte auf etwa 4.000m Höhe. Auf einer offenen Feuerstelle wurde Tee mit Yak-Milch zubereitet, von der Decke hing Yak-Käse zum Trocknen, die Männer unterhielten sich wahrscheinlich über Yaks und im Hintergrund hörten wir Radio Nepal aus einem kleinen Mittelwellenempfänger.

Als am späten Nachmittag langsam die Sonne hinter den mächtigen Bergen verschwand, sank die Temperatur deutlich, und obwohl wir all unsere T-Shirts, Sweatshirts und Jacken angezogen hatten, war uns ziemlich kalt. Da wir eigentlich nicht damit gerechnet hatten in unserem Urlaub auf über 4.000m Höhe und bei Temperaturen unter 10 Grad Celsius zu übernachten, war unsere Ausrüstung in diesem Fall etwas unzureichend, doch wir hielten uns gegenseitig warm und trösteten uns mit der Einsicht, dass wir nur eine Nacht in dieser Höhe verweilen würden. Nach einem umfangreichen und wie immer ausgezeichneten Abendessen gegen 19.00 Uhr wurde der nächste Tag geplant. Herr Thupten schlug vor, bei guter Wetterlage noch vor dem Frühstück den Dzongri Peak zu besteigen, um den Sonnenaufgang mitzuerleben. Es wurde 4.30 Uhr als Startzeit vereinbart.

Sonnenaufgang

Die Nacht war wie erwartet: kalt und kurz. Als wir um 4.15 Uhr geweckt wurden, ahnten wir noch nicht, dass dieser Morgen der Höhepunkt unseres gesamten Urlaubs werden sollte. Der Tag begrüßte uns dunkel und kühl, aber das Wetter machte uns Hoffnung auf eine gute Sicht. Unbeeindruckt von Tageszeit und Höhe führte uns Herr Thupten den Berg hoch und es fiel uns schwer seinem Tempo zu folgen. Jack Kerouac beschreibt in seinem Buch *Gammler, Zen und hohe Berge* eine ähnliche Situation wie folgt: »Dann setzten wir uns wieder hin, keuchend, schwitzend in dem kalten Wind, hoch oben auf dem Dach der Welt, und wir schnieften wie kleine Jungen, wenn sie an einem späten Sonnabendnachmittag im Winter ihre letzten kleinen Spiele spielen.«

Nach ungefähr 45 Minuten kamen Herr Thupten und ich auf dem Gipfel an. Sabine hatte mit der zunehmenden Höhe zu kämpfen, doch sie schloss nur wenig später zu uns auf. Da standen wir nun schweigend und frierend in 4.300m Höhe und warteten auf den Sonnenaufgang. Die Bergspitzen waren noch von Wolken verhüllt, als ganz langsam ein Gipfel nach dem anderen von der Sonne erfasst wurde. Die Konturen und Schatten der Bergformationen wurden immer deutlicher und gegen 5.30 Uhr lag das ganze Panorama in seiner erhabenen Schönheit vor uns. Nochmehr als auf Sandakphu, als wir den Kangchenjunga (8.586m) zum erstenmal sahen, waren wir ergriffen von diesem unbeschreiblichen Anblick. Es dauerte fast eine Viertelstunde bis wir uns trauten, das andächtige Schweigen zu beenden. Wir sahen zu wie der Wind die letzten Wolken auflöste und langsam spürten wir die wohlige Sonnenwärme auf der Haut.

<Sabine> Bei dem Aufstieg merkte ich deutlich, wie dünn die Luft hier ist, wie müde meine Knochen waren ... Der Weg wollte schier nicht enden, und während Heiko und Herr Thupten mir davonliefen, hatte ich sehr mit meiner Motivation zu kämpfen. Aber dann waren wir doch alle oben. Und mir stiegen die Tränen in die Augen ob des unbeschreiblichen Anblicks und Gefühls. </Sabine>

Beim Blick vom Dzongri Peak nach Norden kann man folgende Gipfel sehen (von West nach Ost): Koktang (6.147m), Ratong (6.679m), Kabru - South Peak (7.317m) - North Peak (7.338m) - Dome (6.600m), Talung (7.349m), Kangchenjunga (8.586m), Kabur (4.810m) im Vordergrund, Go Cha Peak (6.127m), Pandim (6.691m), Jopung (5.936m). Die Zuordnung Gipfel - Name klappte nur im Einzelfall, was aber den Gesamteindruck nicht schmälerte. Wir genossen noch eine ganze Weile sowohl den schönen Ausblick, als auch die steigende Temperatur.

Gegen 6.00 Uhr traten wir langsam den Rückweg an, getrieben von einem immer stärker werdenden Hungergefühl. Kurz nachdem wir unsere Hütte wieder erreicht hatten, wurde uns das Frühstück serviert, diesmal in Form eines Picknicks im Grünen. Eine große Decke wurde ausgebreitet auf der wir Platz nahmen, es gab Pfannekuchen in unbeschreiblicher Menge und Qualität und die Sonne war um 7.00 Uhr schon so intensiv, das sowohl Sonnenbrille als auch -creme zum Einsatz kamen. Wie schon beim vorangegangenen Trek, hatten wir auch diesmal im entscheidenden Augenblick sehr viel Glück mit dem Wetter. Herr Thupten erzählte uns später, dass er seit langem keinen so schönen Sonnenaufgang mehr erlebt hatte und selbst im Oktober die Sicht oft von Nebel und Wolken beeinträchtigt wird.

Nach unserem ausgedehnten Frühstück begannen wir langsam unser Gepäck zu packen und uns auf den Heimweg vorzubereiten. Doch vor dem Start wird üblicherweise noch einmal das WC aufgesucht. Obwohl ich bisher und auch in Zukunft, keine Detailbeschreibungen von Toiletten oder toilettenartigen Einrichtungen abgegeben habe bzw. abgeben werde, möchte ich an dieser Stelle eine Ausnahme machen und das außergewöhnlich WC auf Dzongri etwas genauer beschreiben. Es handelt sich um eine kleine Hütte, welche in Sichtweite der Trekker's Hut aufgebaut wurde. Aber erst nach dem Öffnen einer der drei Türen wird deutlich, dass dieser Platz nicht zufällig gewählt wurde: Die Hütte befindet sich direkt über einem kleinen natürlichen Bach, dessen Bett auf der Länge der Hütte in Beton gefasst wurde, um die Fließgeschwindigkeit etwas zu erhöhen. Die Hütte hat keinerlei Inneneinrichtung und besteht nur aus Dach, Wänden, drei Türen und dem befestigten Boden. Ich hoffe, dass der geneigte Leser die extrem einfache aber effektive und sehr hygienische Funktionsweise dieser Einrichtung auch ohne weiter Angaben versteht und verzichte an dieser Stelle auf eine Detailzeichnung.

Rückweg: Dzongri-Tshoka

Für den Rückweg benutzten wir die gleiche Route wie schon vor wenigen Tagen auf dem Hinweg. Durch die häufigen Regenfälle war der Weg teilweise sehr aufgeweicht und glitschig und somit gerade bergab sehr anspruchsvoll. Wir kamen in Tshoka an noch bevor der übliche Nachmittagsregen einsetzte. Wir hatten wieder das gleiche Zimmer, doch wurde es diesmal von einem schwarzen Hund mit stahlblauen Augen bewacht. Ein Geschöpf aus einem Stephen King Roman hätte nicht bedrohlicher wirken können, doch stellten wir schnell fest, dass der Hund keinerlei Interesse an uns hatte und nur vor dem Regen geflüchtet war. Später bemerkte Sabine noch, dass der Hund sich wohl zwischenzeitlich von ein paar blutdurstigen Parasiten der ekeligen Art befreit hatte, denn sie hatte ca. 8-10cm lange Blutegel auf unserer Veranda gefunden.

Am Abend zog über der Ebene am Fuße des Himalaya ein gewaltiges Gewitter auf und wir beobachteten von unserem exponierten Platz aus die unterschiedlichsten Blitze. Da wir uns ja immer noch auf 3.000m Höhe befanden, konnten wir sowohl die Blitze unterhalb der Wolkenschicht, als auch das Leuchten innerhalb und oberhalb dieser Schicht gut verfolgen. Wir standen lange draußen und genossen diesen besonderen Anblick aus der Vogelperspektive. Etwas später klarte es direkt über uns auf und ein atemberaubender Sternenhimmel löste die Wolken ab. Ohne die in Deutschland übliche Lichtverschmutzung ist der Kontrast zwischen schwarzem Himmel und leuchtenden Sternen viel stärker und intensiver. Sabine erkannte trotz der etwas ungewohnten geographischen Lage einige Sternformationen, denn auch hier konnte sie sich auf ihren Orientierungssinn verlassen. Auch diese Nacht war kühl, doch fühlten wir uns in der gemütlichen Unterkunft sehr viel wohler als in der spartanischen Hütte auf Dzongri, so dass wir etwas Schlaf nachholen konnten.

DZONGRI TREK IV
TSHOKA – YUKSAM

Das Frühstück am folgenden Morgen war wie immer sehr umfangreich und schmackhaft, so dass wir gegen 8.00 Uhr gut gestärkt die letzte Etappe des Abstiegs beginnen konnten. Ein Hund begleitete uns eine ganze Weile, bis Herr Thupten ihn sehr energisch davon in Kenntnis setzte, dass seine Anwesenheit nicht erwünscht ist. Wir standen ja bei unserem ersten Trek vor einem ähnlichen Problem und waren doch sehr überrascht, wie einfach es Herrn Thupten fiel, den Hund zu verscheuchen. Er schrie den Hund ein paar mal an »Tscha, Tscha« und schreckte auch nicht davor zurück einen Stock nach ihm zu werfen, mit Erfolg, denn der Hund blieb weg.

Auf dem weiteren Weg bergab kamen uns zahlreiche Dzos auf ihrem Weg zu den Weiden entgegen. Diese Kreuzung zwischen Yak und Kuh ist zwar nicht so widerstandsfähig wie das in Sikkim domestizierte Yak, es kann jedoch auch in Höhen unterhalb 3.000m überleben. Herr Thupten erzählte uns, dass die Dzo recht eigenwillige Tiere sind und man ihnen am besten aus dem Weg gehen sollte, was aber auf den schmalen Pfaden nicht immer ganz einfach ist. Immer wieder wies uns Herr Thupten an, die *Shortcuts* zu nehmen, so dass wir gut voran kamen.

Thema unserer Gespräche während dieses Abschnitts war die jüngere Geschichte Sikkims: »Wie kam Sikkim zu Indien? Was hat sich seitdem geändert? Wie geht es weiter mit dem Tourismus?« All diese Fragen wurden in mittlerweile gewohnter Zurückhaltung beantwortet und wir erhielten einen ganz persönlichen Einblick in das gesellschaftliche und politische System Sikkims. Ob Deutschland oder Sikkim, Machtmissbrauch in Politik und Wirtschaft scheint ein globales Problem zu sein, unabhängig von Religion, wirtschaftlicher Lage, politischem System oder anderen landestypischen Eigenheiten. (Anmerkung der Redaktion: Indien gehört zu den größten Demokratien dieser Erde und welches Land außer Deutschland wurde 16 Jahre lang von einem über 100kg schweren Kohl regiert?)

Das Wetter verschlechterte sich und gelegentlich fiel etwas Regen durch das dichte Blätterdach. Wir trafen zwei in Katmandu lebende Italiener, welche mit ihrem recht jungen Führer auf dem Weg nach Tshoka waren. Die Italiener erzählten uns, dass sie in Katmandu mit Möbeln handeln und hier in Sikkim Urlaub machen. Es war nicht zu übersehen, dass sie der buddhistischen Religionsgemeinschaft angehörten, die Art und Weise jedoch, wie sie ihre Zugehörigkeit nach außen hin demonstrierten, irritierte uns etwas. Wir waren froh, dass wir nur zu Zweit unterwegs waren. Nach etwas Smalltalk trennten sich unsere Wege wieder und wenig später erreichten wir die ersten Häuser von Yuksam.

Yuksam

Nach einer kurzen Erfrischung am Weg kamen wir im *Wild Orchid Hotel* am frühen Nachmittag wieder an. Ausruhen und dann duschen war der Plan, welcher auch sofort umgesetzt wurde. Wassereimer und Schöpfbecher waren mittlerweile bekannte Duschutensilien, was Sabine jedoch etwas überraschte, war eine große Menge Froschlaich auf dem Boden des Badezimmers. Der Laich nahm den Weg alles Irdischen, durch das Loch im Boden ab in den Garten. Wir machten uns einen gemütlichen und beschaulichen Nachmittag, spazierten etwas durch das Dorf, beobachteten Neuankömmlinge und Abreisende, erledigten ein paar kleine Einkäufe und ließen es uns gut gehen. Unsere Crew verwöhnte uns ein letztes mal mit Tee und Gebäck, und angesichts der nahenden Abreise stellte sich eine leicht melancholische Abschiedsstimmung ein.

Wir hatten geplant am nächsten Morgen direkt nach Kalimpong zu fahren, die Abfahrtzeit des einzigen Busses sowie des regelmäßigen Jeeps lagen jedoch weit vor 7.00 Uhr, und wir hatten es nun wirklich nicht eilig diesen beschaulichen Ort zu verlassen. Wir entschlossen uns einen Jeep zu chartern, welcher uns am späteren Morgen direkt nach Kalimpong bringen sollte. Mit Hilfe von Herrn Thupten arrangierten wir das ganzen noch am selben Abend. Das Thema Trinkgeld beschäftigte uns schon eine Weile, wobei die Höhe der noch offene Punkt war, nicht ob oder ob nicht. Nach langem hin und her entschieden wir uns für folgenden Verteilschlüssel: Träger und Koch sollten ein Trinkgeld in bar erhalten, schön verpackt mit einer persönlichen Widmung, der Anteil des Kochs sollte etwas höher sein; für Herrn Thupten hatten wir ein Päckchen mit Gebetsfahnen vorgesehen, welches er bei einer der nächsten Touren zum Dzongri aufhängen sollte.

Nach dem Abendessen, welches, eigentlich müsste ich es nicht betonen, ausgezeichnet war, überreichten wir unsere kleinen Geschenke. Es war schon eine besondere Stimmung als ich unsere Crew die kleinen Päckchen übergeben habe, doch dieser Augenblick verblasste, als uns die Abschiedstorte präsentiert wurde. Wir waren sprachlos und gerührt angesichts dieser gelungenen Überraschung, doch es sollte noch „schlimmer" kommen. Herr Thupten überreichte uns am Ende dieser Zeremonie je einen weißen Schal als Zeichen seiner Freundschaft. Gerade weil Herr Thupten in den vergangenen Tagen durch seine diskrete, ruhige und zurückhaltende Art unserem Trek eine besondere, fast andächtige Stimmung verliehen hat, waren wir von seiner Geste sehr beeindruckt. Mir ist klar, dass eine Beobachter die ganze Situation als extrem kitschig, übertrieben und aufgesetzt beschreiben könnte, ich persönlich war aber zu tiefst gerührt. Erst als jemand auf die Idee kam endlich den Kuchen zu verteilen, wurde wieder gesprochen. Der Kuchen lag uns schwer im Magen als wir an diesem Abend ins Bett gingen und die Vermutung lag nahe, dass ein wesentlicher Bestandteil dieses Backwerks die restlichen Eier aus unserem Trekkingproviant waren.

KALIMPONG

JESUS WAR EIN INDER

Der Jeepfahrer für unsere Fahrt nach Kalimpong holte uns pünktlich ab, und wir verstauten unser Gepäck. Herr Thupten begleitete uns noch ein Stück auf dem Weg nach Kalimpong, und wir erreichten unser Tagesziel am frühen Nachmittag (ca. 5-6 Stunden 60-80km). Kalimpong ist mit 50.000 Einwohnern etwas kleiner und beschaulicher als Darjeeling, doch ähnelt es in weiten Teilen seinem großen Vorbild. Die geschützte Lage zwischen Durpin Hill und Deolo Hill in 1.200m Höhe führen zu einem sehr milden Klima und schon bei unserer Ankunft bemerkten wir die angenehm hohe Temperatur. Kalimpong hat eine bewegte Geschichte: Es gehörte der Reihe nach zu Sikkim, Buthan und seit 1865 zu West Bengalen und damit zu Indien. Schottische Missionare gründeten die ersten Schulen und halfen auch bei der wirtschaftlichen Entwicklung der Stadt. Viele Einwohner der Stadt sind Tibeter, Buthias oder Lepchas, und der Markt ist bekannt für seine große Auswahl an Handwerkserzeugnissen jeglicher Art.

Park Hotel

Wir wollten im *Kalimpong Park Hotel* absteigen, einem der wenigen Mittelklassehotels der Stadt, etwas außer- und oberhalb des Stadtzentrums gelegen. Das Hotel war für unseren Fahrer nicht leicht zu finden, aber nach etwa 45 Minuten Suche waren wir doch am Ziel. Das Hotel liegt sehr ruhig im Süden der Stadt, etwa 20 Minuten zu Fuß vom Zentrum entfernt. Der erste Eindruck eines etwas in Jahre gekommenen Mittelklassehotels wurde auch durch die Einrichtung unseres Zimmers bestätigt. Der Raum war angenehm groß, mit separatem Bad und Satelliten TV, alles etwas muffig, gebraucht und abgewetzt und mit 1.200Rs pro Nacht etwas zu teuer. Am ersten Abend sowie an allen folgenden konnten wir jedoch die Vorzüge eines solchen Hotels in Anspruch nehmen: Eine überdachte Veranda mit kleinen Sitzgruppen und einem Schild des örtlichen *Rotary Clubs*, aufmerksames Barpersonal, gekühltes Bier zu moderaten Preisen und die Möglichkeit die nächtliche Rechnung mit unserem guten Namen zu begleichen. Das Hotel besitzt ein eigenes Restaurant, welches sowohl Frühstück als auch Abendessen serviert. Die Qualität des Essens ist mir weder positiv noch negativ in Erinnerung geblieben. Mit der Zeit gewöhnten wir uns an das Flair des Hotels, genossen die Vorteile und akzeptierten die Schwachstellen.

<Sabine> Auf der Veranda wurde die einzige Angst, die ich im Vorfeld des Urlaub hatte, Wahrheit: Es gibt in Indien große Spinnen. Einige große Exemplare von ihnen krabbelten am Boden, zwischen meinen Füssen herum und haben mir die ansonsten recht romantische Stimmung verdorben. </Sabine>

Religionen

Obwohl über 90 Prozent aller Inder Hindus sind, hatten wir bisher überwiegend Kontakt zu Buddhisten, dass wollten wir in Kalimpong ändern. Ziel einer unserer Ausflüge sollte der *Man-*

gal Dham Parnami Mandir sein. Diese hinduistische Tempelanlage wurde erst 1993 fertiggestellt und ist eine der größten und wichtigsten von Kalimpong. Der Tempel fällt äußerlich durch seine enorme Größe, die Farbe rosa sowie seine zeitgenössische Architektur auf, doch er ist schwer zu finden. Nach fast vier Wochen in Indien überraschte es uns nicht, dass die Karten, die uns von Kalimpong zur Verfügung standen *Not to scale* waren. Im *Lonely Planet* lautet die Beschreibung »in der Nähe der Thongsa Gompa, im Norden des Zentrums«, in Rajesh Vermas Buch heißt es »Er liegt an der Relli Road, etwas mehr als einen Kilometer vom *Main Market* entfernt«. Ganz einfach dachten wir, und machten uns bei sehr sonnigem Wetter auf die Suche. Wir folgten den Beschreibungen, den Karten, Sabines Instinkt, ohne Erfolg. Später begannen wir die Einheimischen zu fragen und ließen uns von einer Straßenkreuzung zur nächsten Häuserecke führen, um nach mehr als einer Stunde endlich den wirklich beeindruckenden Tempel zu finden. Der Tempel besteht überwiegend aus Marmor und ist dem Gott Krishna geweiht. Zahlreiche Statuen im Inneren des Tempels zeigen Szenen aus Krishnas Leben. Die Figuren sind lebensgroß. Ein Teil der Anlage dient als Gedenkstätte für den in Kalimpong sehr bekannten Guru *Shri Mangal Dasji Maharaj.*

Bei unseren Streifzügen stießen wir auch auf eine katholische Kirche, die einem buddhistischen Tempel sowohl wegen der Architektur des Gebäudes als auch wegen der Jesusdarstellungen glich. Jesus war ein Inder!!!

<Sabine> Und was sagt uns das über unsere Jesus-Vorstellungen? </Sabine>

Markttag

Mittlerweile war die Sonne so stark, dass sich Sabine, wie auch viele Inder, mit dem Regenschirm schützte. Die Streifzüge durch die verwinkelten Strassen von Kalimpong ermöglichten uns diverse Einblicke in das Leben und Arbeiten der Bewohner. Ein kleiner Laden mit großen Säcken, gefüllt mit bunten Körnern, Samen und Gewürzen, handgemachte Nudeln die vor der Haustür zum Trocknen aufgehängt wurden und vor allem der Markt, all dies war sehr interessant. Auf dem Mark, der Mittwochs und Samstags stattfindet, hat Sabine außer Ingwer und verschiedenen anderen Gewürzen auch unsere Chang Grundausrüstung (Hefe und Bambus-Trinkröhrchen) erstanden. Der Markt ist klar gegliedert: Dort gibt es Stände mit Kleidung, hier wird an zahlreichen Tischen Fleisch zerteilt und am anderen Ende des Platzes bieten die Händler Gewürze an. Ein geschäftiges Treiben, ein olfaktorisches Erlebnis, aber ohne unangenehme Hektik.

Hier auf dem Markt direkt, vor dem Chang-Stand trafen wir auch ein anderes deutschsprachiges Paar. Wir kamen gleich ins Gespräch, da wir in Kalimpong bisher keine Europäer gesehen hatten, und wir schon vermuteten, einer aussterbenden Gattung anzugehören. Sie erzählten uns, dass sie die ersten Monate ihrer Weltreise schon hinter sich hatten und sich hier im Norden Indiens physisch aber auch psychisch vom äußerst anstrengenden Süden erholen wollten. Der Norden Indiens gefiel ihnen sehr gut und die freundliche und zurückhaltende Art der Bewohner überraschte sie angenehm, denn ihre bisherigen Erfahrungen mit Indern waren zum Teil sehr negativ. Wir weihten sie noch in die Geheimnisse der Changzubereitung ein bevor wir uns verabschiedeten. Sabine und ich unterhielten uns noch eine ganze Weile über monatelanges Reisen, Indien und Darmerkrankungen und kamen zu folgender Erkenntnis: Weltreisen und der Süden Indiens sind ziemlich anstrengend.

Restaurants

Unsere regelmäßige Nahrungsaufnahme betreffend, möchte ich zwei Restaurants hervorheben, dass *Gompu's Restaurant* direkt am Dambar Chowk sowie das *Nanglo Restaurant*. Das *Gompu's* liegt sehr zentral und war für uns die erste Adresse in Kalimpong. Wir haben hier nachmittags einen kleinen Pakora-Imbiss eingenommen und später am Abend lecker gespeist, dazu gab es kühles Bier. Im *Nanglo Restaurant* haben wir eines unserer günstigsten Mittagessen eingenommen:

2 x Coke	24
2 x veg. Chowmein	20
veg. Momo	10
veg. Thukpa	20
Total	74Rs

Die Einrichtung des Restaurants war eher spartanisch, das Essen hingegen sehr lecker und äußerst umfangreich. Jetzt wollt Ihr natürlich wissen, wo Ihr diesen Geheimtipp finden könnt, aber Sorry, ich habe wirklich keine Ahnung mehr, wo genau das Restaurant liegt, irgendwo im Gewimmel der Innenstadt.

Abreise

Im Hinblick auf unsere anstehende Heimreise stellte sich noch ein Problem: Wo übernachten wir in Delhi? Schnell waren wir uns einig, dass wir ein Zimmer reservieren wollten, irgendwo im Zentrum, nicht zu weit entfernt vom Flughafen, Mittelklasse, mit Klimaanlage selbstverständlich und es darf ruhig etwas teurer, aber nicht zu groß oder zu klein sein. An der Rezeption unseres Hotels erhielten wir ein Hotelverzeichnis und wenig später hatten wir drei Mittelklassehotels in Indiens Hauptstadt ausgewählt. Eigentlich hofften wir, dass der Mann an der Rezeption unsere Reservierung übernehmen würde, doch leider weigerte er sich standhaft, so dass Sabine, auf Grund ihrer besseren Englischkenntnisse, den Anruf tätigen musste. Sabine war sich nach dem Anruf nicht sicher ob, unser Anliegen (Reservierung eines Zimmers) erfolgreich übermittelt werden konnte, denn ihr Gesprächspartner in Delhi verfügte nur über eine geringe britisch-englische Sprachkompetenz jedoch über eine gewagte Aussprache, die für unsere Ohren eher wie Hindi klang als wie Englisch.

<Sabine> Das Englisch der Inder wird mir wohl ein Rätsel bleiben, denn obwohl sie Vokabeln und Grammatik gut beherrschen, blieben ihre Aussagen mir oft unverständlich. - Heiko hat sie oftmals besser verstanden als ich. Vielleicht weil sein Ohr nicht britisches Englisch erwartete. </Sabine>

Nach zwei erholsamen Tagen in Kalimpong bereiteten wir uns auf unsere letzte große Prüfung vor: Delhi. Wir wurden nach dem Frühstück wie geplant von einem Minibus abgeholt und auf der Fahrt zum Flughafen nach Bagdogra wurde uns langsam klar, dass wir die Berge jetzt endgültig verlassen würden. Uns fiel der Abschied vom Himalaya und seinen Menschen nicht leicht und was uns in Delhi erwarten würde, konnten wir nur erahnen. Die Fahrt zum Flughafen dauert etwa 2,5 Stunden (80 km) und noch vorm Erreichen des Flughafengebäudes begann es zu regnen. Das Betreten des Gebäudes war nur mit Flugticket oder Eintrittskarte möglich und in der Wartehalle drängten sich Hunderte von Personen. Wir machten unseren Check In und genehmigten uns einen kleinen Snack im Flughafen Restaurant. Während mein Rucksack schon auf dem Weg in den Bauch unseres Flugzeugs war, machte ich eine erschreckende Entdeckung: All unsere Filme waren ungeschützt im Rucksack als dieser durchleuchtet wurde. Waren nun all unsere Bilder futsch? Hatten wir jetzt Schwarz auf Schwarz den Beweis, dass Röntgenstrahlen in zu hoher Dosis nicht nur Menschen gefährlich werden können? Hatten wir jetzt endlich einen Grund um unseren Urlaub zu wiederholen? Es sollte noch fast eine ganze Woche dauern, bevor ich Entwarnung geben konnte: Die Bilder sind wohlauf!

DELHI I
RUND UM DEN CONNAUGHT PLACE

Ankunft

Der Flug von Bagdogra nach Delhi verlief problemlos und wir landeten am Nachmittag sicher in Indiens Hauptstadt. Schon beim Anflug wurde uns klar, dass dies eine wirkliche Metropole ist, denn minutenlang überflogen wir das Stadtgebiet. Nach der Landung mussten wir uns nur kurz orientieren und wenig später hatten wir auch unser Gepäck wieder. Nach unseren Erlebnissen bei der ersten Ankunft in Delhi wollten wir diesmal auf Nummer sicher gehen: Wir steuerten zielstrebig den Schalter der *Traffic Police* (Verkehrspolizei) an und kauften ein *Prepaid-Ticket* für ein Taxi in die Innenstadt. Die Idee von *Prepaid* ist einfach, aber effektiv:

- An einem offiziellen staatlichen Schalter innerhalb der Abfertigungshalle kann man einen Fahrschein für ein Taxi kaufen. Der Preis richtet sich nach der Entfernung, unsere Fahrt in die Innenstadt kostete z.B. 120Rs.

- Vor dem Gebäude sucht man sich ein Taxi aus und zeigt dem Fahrer das Ticket, ohne es ihm auszuhändigen und los geht es.

- Am Ziel angekommen, lädt man das Gepäck aus, und wenn man sich wirklich sicher ist, dass man den gewünschten Ort erreicht hat, überreicht man dem Fahrer das Ticket.

- Während der Fahrt hat der Fahrer sicherlich versucht eine Anschlussauftrag zu vereinbaren, ob dies gelingt, hängt sowohl von seinem Geschick, als auch vom eigenen Bedarf ab.

Wir empfanden dieses *Prepay*-Verfahren als sehr angenehm, da wir mit dem Fahrer nicht um den Preis feilschen mussten und ohne Verzögerungen unser Ziel erreichten. Unser Chauffeur war ein junger, freundlicher Inder mit eingeschränkten Englischkenntnissen und einem alten *Ambassador*-Taxi. Da wir ja nur einen Tag Aufenthalt in Delhi hatten, vereinbarten wir mit unserem Fahrer gleich einen Termin für die Fahrt zum Flughafen am folgenden Tag. Delhi empfing uns mit 35 Grad Celsius und hoher Luftfeuchtigkeit.

Jukaso Inn down-town

Das *Jukaso Inn down-town* liegt, wie der Name schon sagt, mitten in der Stadt, am Connaught Circus im L-Block (Achtung: In Indien werden Stück für Stück Strassen und Städte mit englischen Namen umbenannt, so wird aus Connaught Place und Connaught Circus - Indira Chowk und Rajiv Chowk; Calcutta, Madras und Bombay werden zu Kolkota, Chennai und Mumbai). Die Reservierung aus Kalimpong hatte wohl funktioniert, denn der Mann an der Rezeption begrüßte Sabine mit ihrem Namen.

Es stellte sich schnell heraus, dass das *Jukaso Inn* keine Nobelherberge ist, aber für eine Übernachtung ausreichend Komfort und Service bietet. Das Zimmer war gepflegt und ausgestattet mit Klimaanlage, Satelliten-TV, Dusche und einer gefüllten Obstschale zur Begrüßung. Das einzige Fenster mündete aber leider in einen Luftschacht.

Ausflug

Nach einer Ruhepause und der anschließenden Körperreinigung starteten wir unsere Entdeckungstour. Schon wenige Minuten nachdem wir unser Hotel verlassen hatten, wurde uns klar, dass wir in Delhi nicht unter Einsamkeit oder fehlender Aufmerksamkeit leiden würden, das Gegenteil war eher der Fall. Es schien, als ob jeder Inder im Umkreis von 5-10 Metern uns behilflich sein wollte und das, obwohl wir weder um Hilfe gebeten bzw. diese nötig hatten. Zu Beginn unserer Expedition antworteten wir auf jede Frage freundlich und nett, im Verlauf unseres Ausflugs, nach etwa einer Stunde und 30 Fragen, begannen wir, etwas genervt, unser Verhalten zu ändern. Fahrer, Führer, Verkäufer oder einfach nur Wegelagerer versperrten uns den Weg um uns zu helfen, zu retten oder einfach nur übers Ohr zu hauen. Wir begannen sie zu ignorieren.

<Sabine> Allerdings folgte uns irgendwann an diesem Abend ein kleiner, vielleicht vierjähriger Junge, offensichtlich unterernährt und arm, der uns einen herzförmigen Luftballon verkaufen wollte. Obwohl ich wusste, dass wir dem Kleinen nicht wirklich helfen würden und wir damit vermutlich weitere zehn Kinder am Bein hätten, war ich hin- und hergerissen, traurig, voller Schuldgefühle. Er schien das zu spüren und folgte uns mit immer geringerem Abstand bis Heiko ihn erfolgreich abwimmelte. </Sabine>

Ich bin mir natürlich bewusst, dass wir als Touristen das Betteln und Abzocken unterstützen bzw. erst lukrativ machen und somit an dieser Misere ebenfalls Schuld sind, doch diese geballte Aufdringlichkeit war einfach zuviel.

Während unserer Ausflüge in die nähere Umgebung stellten wir fest, dass wir mit dem *Jukaso Inn* ein ganz akzeptables Hotel gefunden hatten. Nach diversen Runden um den Connaught Circus wurde es langsam dunkel und wir hungrig. Wie wir am nächsten Tag noch feststellen sollten, kann der Besuch eines bewachten und vollklimatisierten Restaurants in Delhi aus dreierlei Gründen angenehm sein:

1. Nette Abkühlung
2. Ruhige Oase ohne Belästigung
3. Ort der Nahrungsaufnahme

Die Punkte 2 und 3 waren zu diesem Zeitpunkt für uns ausschlaggebend. Wir fanden ein Mittelklasse Restaurant mit freundlicher und zuvorkommender Bedienung und stillten unseren Hunger. Zurück im Hotel zappten wir noch eine Weile durch die indische Fernsehlandschaft, bevor wir letztendlich ins Bett gingen.

Wir schliefen angenehm ruhig und wurden von einer Zeitung, welche unter der Tür durchgeschoben wurde, geweckt. Das Frühstück im *Jukaso Inn* war wie das ganze Hotel, O.K. aber nichts besonderes. Wir packten unsere Sachen ein letztes Mal zusammen und verließen das Zimmer. Unsere vollgestopften Rucksäcke konnten wir bis zu unserer endgültigen Abreise im Hotel deponieren.

Delhi war schon am frühen Morgen heiß und schwül und im Verlauf des Tages sollten wir noch erfahren was der Begriff *Pre-Monsun* bedeutet. Unsere Tour begann, wie sie am Abend vorher endete, mit einer Runde um den Connaught Circus. Wir versuchten so gut es ging im Schatten unterhalb der Arkaden zu bleiben, um uns nicht am letzten Tag in Indien noch einen Sonnenbrand zu holen. Nach den Erlebnissen des letzten Abends versuchten wir die Bettler wenn möglich zu ignorieren. Wir wurden zwar immer noch angesprochen, doch Häufigkeit und Intensität waren um einiges geringer als am Tag zuvor.

In William Sutcliffes *Are you experienced?* habe ich hierzu eine interessante Stelle gefunden: »You get a look on your face - an impervious look which the beggars can spot, and they stop bothering you because they can tell that you've stopped noticing them and won't give them any money.«

Da der Aufenthalt in Delhi für uns nur eine transport-technische Notwendigkeit darstellte, hatten wir kein direktes Ziel bei unserem Ausflug. Sabines einziger Wunsch war es, das Grabmal von Mahatma Gandhi zu besuchen. Laut Reiseführer und Karte war der Ort kaum zu verfehlen und in Laufentfernung zum Connaught Place. In den nächsten zwei Stunden irrten wir durch Delhi. Wir erkannten recht schnell, dass auch die Karten der Hauptstadt *not to scale* waren. Doch als wir feststellten, dass das Verhältnis von eingezeichneten Strassen zu real existieren-den Strassen sich bei 1:3 einpendelte, brachen wir die Suche nach Gandhis Verbrennungsstätte ab. Die Sonne brannte erbar-mungslos und wir kamen durch Gebiete, die Sabine als *Slums* bezeichnete. Auf den Strassen war immer viel los, Verkaufsstän-de, kleine Werkstätten, die Wäsche wurde auf dem Bürgersteig getrocknet und gebleicht. Hier und da sahen wir auch ein paar

Heilige Kühe im Vorgarten eines Hauses grasen. Unser Ausflug führte uns in touristisch wenig erschlossenen Bereiche der Innenstadt und obwohl wir hier die einzigen Europäer waren, wurden wir hier nur selten angesprochen. Da die Hochhäuser und Hotels in der Nähe des Connaught Circus von überall gut zu sehen sind, hatten wir kein Problem unseren Heimweg zu finden. Nach zwei Stunden in praller Sonne waren wir halbgar und froh unter den Arkaden des Connaught Circus etwas Abkühlung zu finden.

Unser Hunger und Durst hatte nur ein Ziel, und obwohl es überall Wegweiser gab brauchten wir noch eine halbe Stunde, bis wir zum erstenmal das rote Schild *McDonald's* sehen konnten. Wir hatten unser Ziel erreicht.

Der Wachmann am Eingang ließ uns passieren, kühle Luft kam uns entgegen, wir fanden einen Sitzplatz im ersten Stock und waren froh auf der Speisekarte den vertrauten *Big Mäc* zu finden. Nach unserem Horrortrip durch Delhi genossen wir das scheinbar vertraute Umfeld. Und nicht nur wir hatten dieses Stück westliche „Kultur" gesucht und gefunden, zwei Dutzend anderer Touristen waren zu Gast in dieser Oase, abgeschottet von der Außenwelt. Wir hatten das Gefühl, dass einige Gäste nur wegen der Klimaanlage und dem westlichen „Ambiente" diesen Ort aufgesucht hatten und die Angebote der amerikanischen Küche verschmähten. Wir genossen eine kühle Stunde mit Hamburger, Pommes und Cola. Zwei interessante Details fielen mir auf:

- Ein großes Schild vor der Kasse bestätigte, dass keines der angebotenen Produkte aus Rindfleisch hergestellt wird: *No Beef*
- Auf allen Speisekarten waren die Produkte in zwei Kategorien eingeteilt: Rot - mit Fleisch, Grün - vegetarisch.

Nach dieser Erholung waren wir wieder bereit für neue Abenteuer und bis zu unserem Abflug am späten Nachmittag wollten wir noch was erleben.

DELHI II
MONSUN UND HEIMFLUG

Kaum hatten wir *McDonald's*, diese Stätte amerikanischer (Ess-) „Kultur", verlassen, wurde wir doch noch Zeugen einer speziellen indischen Wetterlage. Monsun kommt aus dem arabischen und bedeutet Jahreszeit, aber eigentlich müsste es Jahreszeiten heißen, denn es handelt sich um ein großräumiges Windsystem mit halbjährlichem Wechsel der Windrichtung: Der Sommer-Monsun bringt die Regenzeit, der Winter-Monsun Trockenheit. Wir hatten uns also nur wenige Meter von unserer vollklimatisierten Oase entfernt, als sich die Sonne verdunkelte, der Wind auffrischte und kurze Zeit später gewaltige Wassermassen vom Himmel fielen. Das war also der Anfang dieser von vielen ersehnten, von einigen gehassten Jahreszeit. Wir hatten schon im Fernsehen Monsun-spezifische Reklame für Regenmäntel gesehen, doch jetzt standen wir mittendrin und unser Schirm half uns bei diesem Wind auch nicht weiter. Die Arkaden des Connaught Circus boten uns zwar Schutz, doch kannten wir die Geschäfte hier mittlerweile auswendig. Die Strassen waren in wenigen Minuten knöcheltief überflutet und nur mit geeigneten Hilfsbrücken, z.B. aus Cola-Kisten, war das Überqueren der Strassen trockenen Fußes noch möglich. Wir wollten eigentlich in den letzten Stunden in Delhi noch was von der Stadt und ihren Einwohnern sehen, doch hatten wir nicht vor, dies klatschnass zu tun.

Genau im richtigen Augenblick bemerkten wir einen Eingang zum unterirdischen Bazar. Wir hatten zwar von diesem Markt unterhalb des Connaught Circus gelesen, doch waren uns die zahlreichen Eingänge bisher nicht aufgefallen. Der *Palik Bazaar* ist ein weitverzweigtes, dunkles Labyrinth, eine Stadt unterhalb der Stadt. Hier gibt es alles zu kaufen, ein Stand folgt dem anderen und speziell Textilien und Schmuckgegenstände werden angepriesen. Wir liefen ziellos durch die Gänge, ließen uns treiben und bemerkten, dass auch hier unten Monsun war: Überall tröpfelte es von der Decke, kleine Rinnsaale und Pfützen bedeckten die Wege und die Luft war noch feuchter als auf dem Connaught Circus. Ich kann nicht genau sagen wie lange wir hier unten waren, aber da die angebotenen Waren nicht ganz unseren Geschmack trafen, beendeten wir unseren Ausflug in den Keller der indischen Hauptstadt nach relativ kurzer Zeit.

Fahrt zum Flughafen

Es hatte mittlerweile aufgehört zu regnen und wir beschlossen langsam zu unserem Hotel zurück zugehen. Obwohl bis zu unserem vereinbarten Termin noch 45 Minuten vergehen sollten, wartete unser Taxifahrer schon ganz ungeduldig vor dem Hotelgebäude. Ohne Eile betraten wir unser Hotel ein letztes Mal, um uns vor der endgültigen Abreise noch etwas frisch zu machen.

Während wir uns noch eine letzte Kanne Tee genehmigten, bemerkten wir an den Wänden des Frühstückraums starke Wasserschäden. Wenn dieser kurze, aber heftige Regen schon solche Schäden hervorrief, wie sollte dann das Hotel den gesamten Monsun überstehen? Da wir weder Zeit noch Lust hatten dieser Frage weiter nachzugehen, baten wir den Mann an der Rezeption unser Gepäck bringen zu lassen. Wir verabschiedeten uns kurz und unser Taxifahrer begann sogleich das Gepäck im Kofferraum seines Wagens zu verstauen. Während der Fahrt durch das nachmittägliche Verkehrschaos ergaben sich noch zwei für Delhi typische Situationen. Beide Ereignisse dauerten jeweils nur wenige Sekunden, doch blieben sie uns bis heute leghaft in Erinnerung:

- Da es immer noch sehr schwül war, beneideten wir die reichen Inder um ihre vollklimatisierten Karossen deutschen Ursprungs, uns blieb nur das Fenster soweit wie möglich zu öffnen. An einer der vielen Ampeln musste unser Taxi halten und ein kleines Mädchen kam an das offene Fenster und bettelte. Sie war ca. 8 Jahre alt und bat in fast babylonischer Sprachenvielfalt um Brot. Sie sagte sie habe keine Eltern und sei sehr hungrig. In Erinnerung blieb uns aber vor allem der kleine fast verhungerte Junge, den sie auf dem Arm trug. Unser Taxifahrer lachte über die ganze Situation, und als die Ampel auf grün sprang und der Fahrer wieder losfuhr verschwanden die Kinder im dichten Verkehr.
- Ich bemerkte ES zuerst, doch dachte ich, es handele sich um eine Art Skulptur aus Marmor. Je näher wir kamen um so deutlicher wurde jedoch meine Fehlbeurteilung. Die mehrspurige Strasse in Richtung Flughafen wird in der Mitte von einem Grünstreifen unterteilt und genau auf diesem Stück Wiese lag ES: grau, groß, tot und auf dem Rücken. Ein indisches Rind, eine heilige Kuh, verendet auf dem Weg zum Flughafen, aufgebläht durch die Gase im Inneren des Körpers, die Beine in den Himmel streckend und un-

beachtet von der Außenwelt, einfach bemerkenswert finde ich.

Wir hatten mit unserem Taxifahrer ja schon am Tag zuvor einen festen Preis vereinbart, so dass es beim Bezahlen keine Diskussionen geben sollte. Dies war aber auch die letzte Möglichkeit angerissene Geldscheine los zu werden. Unser Fahrer nahm die beschädigten Scheine problemlos entgegen und als kleines Dankeschön überließen wir ihm unseren Regenschirm, der seit Darjeeling unser ständiger Begleiter war. Eigentlich könnte der Bericht hier enden, doch leider gab es während des Heimflugs noch eine kleine lebensmitteltechnische Katastrophe.

Heimflug

Der Check-In in Delhi war unproblematisch und unser Flug startete planmäßig. Schon während unseres Zwischenstopps in Abu Dhabi merkte Sabine, dass mit ihrem Magen etwas nicht

stimmte. Wir rekonstruierten den Tagesablauf und kamen zu dem Schluss, dass einzig das Wasser auf dem Flug von Delhi Schuld an ihrer Übelkeit sein konnte. Ihr Zustand verschlechterte sich von Minute zu Minute und als wir wieder das Flugzeug betraten ging es ihr wirklich nicht gut. Zum Glück war der Flug nicht ausgebucht, so dass sie es sich bequem machen konnte, doch Toiletten an Bord eines Flugzeugs werden dadurch auch nicht einladender. Ihr Zustand verschlechterte sich weiter: Übelkeit im Sitzen, Übelkeit auf dem Weg zum Klo, Übelkeit auf dem Klo und Übelkeit auf dem Weg vom Klo. Unsere Reiseapotheke befand sich, wie ihr vielleicht schon vermutet habt, gut verstaut in unseren Rucksäcken. Jetzt hatten wir also vier Wochen in Indien ohne gesundheitliche Probleme überstanden, hohe Berge erklommen, indische Taxis überlebt, uns an Stromausfälle und buddhistische Mönche gewöhnt, die Vorzüge des *Early Morning Tea* kennengelernt, doch das alles wurde jetzt von Sabines Magenverstimmung überschattet. Wie schon auf dem Hinflug hatte uns das Reisebüro falsche Ankunftszeiten genannt, so dass wir nicht damit rechneten am Flughafen abgeholt zu werden. Zum Glück hatte Swantje, unsere Abholerin, auf den Videotext-Seiten des Flughafen Frankfurt unsere tatsächliche Ankunftszeit gefunden und stand nun doch am Gate. Der Anblick ihrer Freundin weckte in Sabine die noch übriggebliebenen Lebensgeister und unsere Reise endete doch noch mit einem kleinen Happy End. Danke Swantje!
P.S.
Durch die Einnahme von Tanacomp® verbesserte sich Sabines Zustand recht schnell und nach zwei Tagen konnte sie wieder normal essen.

In diesem Kapitel habe ich all die interessanten Sachen zu-
sammengetragen, die ich nicht in den vorhergehenden Kapitel
unterbringen konnte.

1-2-3

Als wir zum erstenmal dieses 1-2-3 sahen, stellten auch wir
uns die Frage: Was soll DAS? Die merkwürdige Verkleidung mit
nummerierten Holzbrettern war in Darjeeling nicht unüblich,
speziell im Bereich des Marktes tauchte dieses 1-2-3 recht oft
auf. Relativ schnell erkannten wir, dass es sich um einen ge-
schlossenen Laden handelt und die Bretter das Verkaufsfenster
verschließen. Doch warum waren sie so deutlich nummeriert?
Wir erkannten irgendwann, dass die Bretter mit der Hand gesägt

waren. (Na dämmert es schon?) Jedes Brett war individuell und sie passen nur in dieser Reihenfolge zusammen. Um das tägliche Verschließen zu vereinfachen, hat man die Reihenfolge einfach auf die Bretter gemalt.

Wäsche waschen lassen

Wir hatten Kleidung für maximal eine Woche dabei, und wie geplant, gaben wir unsere *Wäsche* in Darjeeling zum Waschen. Zum einen waren wir sehr überrascht, dass unsere Sachen trotz Nebel und hoher Luftfeuchtigkeit überhaupt trocken geworden sind (technische Hilfsmittel haben wir ausgeschlossen), zum anderen fanden wir es sehr lustig das unsere Wäsche markiert wurde. Noch heute finde ich auf manchen Kleidungsstücken eine 5 oder drei Punkte als Kennzeichen für *Washed in Darjeeling*. Preisliste: Wäscherei Dekeling Hotel

2 Paar Socken	12
4x Unterwäsche	24
3x T-Shirt	36
1x Hemd	15
1x Stoffbeutel	8
Total	95Rs

Ein Ding, viele Namen

Immer wieder mussten wir feststellen, dass es für ein Ding, eine Stadt, eine Person oder einen Berg, viele Schreibweisen gibt: Kangchenjunga, Kanchendzonga, Kantschindschang und Kangchendzönga sind Schreibweisen für den Namen des dritthöchsten Berges der Welt. Der Bezwinger des Everest hat scheinbar auch viele Namen: Norgay, Norgya, Norkay oder Norkey. Tenzing Norgay, die häufigste Schreibweise, wurde mit der Zeit »the best rendering of my name«, wie er selbst in seinem Buch *Man of Everest* schreibt. Im gleichen Buch erklärt er auch die beschriebene Namensvielfalt: »The Sherpa language, which is my native one, has no written form, and therefore no records«. Die Namen wurden also immer von Mund zu Mund übertragen und es gab keine schriftlichen Aufzeichnungen. Erst in den letzten Jahrzehnten wurde versucht, die gesprochenen Namen in geschriebene Wörter umzuwandeln, was nicht ganz einfach ist. Einen besonders schönen Namen hat der Mount Everest, er wird von den Sherpas Chomolungma genannt, das bedeutet – „Berg, so hoch, dass kein Vogel über ihn fliegen kann".

Kopfnicken

Bevor ich nach Indien kam, dachte ich, es gäbe ein paar grundsätzliche, ursprüngliche und auf der ganzen Welt einheitliche Gesten. Zu diesen globalen Zeichen der nonverbalen Kommunikation zählte ich auch das wohlwollende und zustimmende Kopfnicken. Ob in Amerika, Australien oder Ungarn, ob Oma, Opa oder Kleinkind, das Kopfnicken nach vorne (das Kinn geht zur Brust) wird als bejahende Geste gedeutet, nicht so in Indien. Der Inder neigt seinen Kopf zur Seite (das Ohr geht zur Schulter) um seine Zustimmung zu zeigen und obwohl ich davon gehört bzw. gelesen hatte, und somit nicht ganz unvorbereitet war, konnte ich meine Irritation nur unzureichend unterdrücken. Der Kopf wird beim indischen Nicken kurz zur Seite bewegt, was auf den ersten Blick mit der deutschen „Naja"-Kopfbewegung (Kopf wird nach rechts und links bewegt) verwechselt werden kann. Es hat fast drei Wochen gedauert, bis wir uns an diese indische Eigenheit gewöhnt hatten und etwa genauso lang, bis wir sie nach unserem Urlaub wieder los geworden sind.

Rupees only

Die Frage, warum auf vielen Rechnungen und sogar einigen Formularen »Rupees only« steht, konnten wir während unseres ganzen Urlaubs nicht beantworten. Auch nach unserer Heimkehr lies mich dieses Rätsel nicht in Ruhe. Ich hoffte in der Newsgroup: *de.rec.reisen.misc* eine Antwort zu finden und stellte folgende Frage:

```
»Hallo, eine kurze Frage an alle Indien-Fans: Ihr
habt Euch doch sicherlich auch schon gewundert warum
auf vielen Formularen, Rechnungen, Quittungen usw.
```

```
immer "Ruppes only" steht?
Habt ihr eine Antwort?«
```

Hier ein paar gekürzte Antworten:

Klaus meinte:
```
»...Das heisst nicht, wir nehmen nur Rupees usw. ,
sondern Sie haben nicht mehr als...zu zahlen.«
```

Lutz hingegen war der Ansicht:
```
»Hallo, vielleicht weil man in Indien nicht mit Lire
Zahlt?«
```

Marcus schrieb:
```
»...es heißt: Ihr Rechnungsbetrag beträgt "nur"
...Rupees. Schließlich hast Du selbstverständlich den
billigsten Preis bekommen. Alles eine Frage der
Lebensphilosophie.«
```

Mein Fazit: »Rupees only« bedeutet also in diesem Zusammenhang, dass man einen günstigen Preis bekommen hat und nur den angegebenen Betrag zahlen muss.

Geldscheine im Königreich Sikkim

Hier noch eine kurze Geschichte aus dem Buch *Survival, Die Kunst zu Überleben* von Rüdiger Nehberg: »Beim Bezahlen einer Cola im Königreich Sikkim (Ostasien) fiel einem Touristen die Banknote hin. Der Wind drohte sie fortzuwehen. Deshalb trat er geistesgegenwärtig mit dem Fuß drauf. Unglücklicherweise trat er dabei auf das Konterfei des Königs, das jeden Geldschein ziert. Majestätsbeleidigung: Anderthalb Jahre Gefängnis.«

Wo? Wann? Wie hoch?

Wann waren wir in Kalimpong? Wieviele Tage waren wir in Darjeeling? Wie hoch liegt Yuksam? Während ich diesen Bericht geschrieben habe, musste ich mir diese Fragen immer wieder selbst beantworten. Irgendwann war ich es leid und das Ergebnis ist folgende kleine Tabelle.

Datum	Ort	Höhe (m)	
14.+15.5.	Anreise		
16.+17.5.	Darjeeling	2134	
18.5.	Tiger Hill	2590	
19.+20.5.	Darjeeling	2134	
21.5.	Gairibas	2621	
22.5.	Sandakphu	3636	
23.5.	Phalut	3600	Singalila Trek
24.5.	Raman	2560	
25.5.	Rimbik	2268	
26.-29.5.	Darjeeling	2134	
30.5.-1.6.	Gangtok	1780	
2.6.	Yuksam	1760	
3.6.	Tshoka	3050	
4.6.	Dzongri Peak	4300	Dzongri Trek
5.6.	Tshoka	3050	
6.6.	Yuksam	1760	
7.+8.6.	Kalimpong	1250	
9.6.	Neu Delhi	216	
10.6.	Heimreise		

Bücher

Indiens Norden
(MERIAN Heft 11/52)
Taschenbuch - 130 Seiten - Merian Vertrieb
ISBN: 3774299110
Preis: 14,80 DM
Bewertung: Gut

Farbenfroher Bildband mit aktuellen Informationen (November 1999). Interessante Artikel zu unserem Reisegebiet: „Sikkim", „Welt über den Wolken" und „Paschas auf dem Stempelkissen".

Indiens Norden
(dtv MERIAN Reiseführer)
Taschenbuch - 130 Seiten - Merian Vertrieb
ISBN: 342303758X
Preis: nicht mehr erhältlich
Bewertung: -

Wie von MERIAN Reiseführen gewohnt. Da wir nur eine alte Ausgabe von 1992 hatten, erfolgt keine detaillierte Bewertung.

Indian Himalaya (travel survival kit)
Taschenbuch - 527 Seiten - Lonely Planet
ISBN: 0864426887
Preis: ca. 44,55 DM
Bewertung: Gut

Allgemeine Informationen über das Gebiet: Klima, Geschichte, Geographie, Stadtpläne. Informationen über Bus- und Zugverbindungen, An- und Abfahrtzeiten, Hotels und Restaurants. Gewohnt detailliert im *Lonely Planet* Stil. Leider kommt West Bengal und Sikkim etwas zu kurz, nur 60 von 450 Seiten sind über diese Gebiete. Trekking-Touren werden nur sehr grob beschrieben.

Trekking in the Indian Himalaya
Taschenbuch - 258 Seiten - Lonely Planet
ISBN: 0864423578
Preis: ca. 41,13 DM
Bewertung: Gut

Allgemeine Informationen über das Gebiet. Spezielle Tipps für Trekker: Ausrüstung, Unterkünfte, Routen, Pflanzen und Tiere, Karten. Schwerpunkt liegt eindeutig auf "Trekking", allgemeine Städetinfos sind sehr kurz. Leider kommen West Bengal und Sikkim etwas zu kurz, nur 15 von 250 Seiten sind über diese Gebiete.

Indischer Himalaya
Ladakh. Garhwal. Sikkim.
Taschenbuch - 223 Seiten - Bruckmann
ISBN: 3765433101
Preis: 49,80 DM
Bewertung: Naja.

Allgemeiner Informationsteil. Detaillierte Beschreibung von insgesamt 23 Routen, davon 4 in Darjeeling und Sikkim. Zum Teil in Form von persönlichen Reiseberichten erzählt, sehr interessant. Viele Bilder, Karten und Tabellen. Achtung: Teilweise sehr veraltete Informationen und schlechte bzw. sogar falsche Wegbeschreibungen.

Sikkim Darjeeling Bhutan
(A guide and handbook)
Taschenbuch - 136 Seiten - Rajesh Verma
keine ISBN - nur vor Ort erhältlich
Preis: ca. 98Rs
Bewertung: Sehr gut

Sehr aktuelle Informationen zu den Gebieten. Interessantes und informatives Kapitel über Buddhismus, mit vielen Abbildungen. Viele skizzierte Karten, z.T. farbige Bilder. Sehr guter Reiseführer für wenig Geld.

Sikkim
The Guidebook Company Limited,
Hong Kong
ISBN: 9622173454
Preis: ca. 315Rs - nur vor Ort erhältlich
Bewertung: Sehr gut

Sehr schöner Bildband über Sikkim, Landschaften, Menschen, Gebäude, alles in Farbe, wenig Text.

Mapping the Tibetan World
Sikkim & Buthan
Online (PDF) - 503kb - Kotan Publishing
http://www.kotan.org
Preis: 7,95 $
Bewertung: O.K.

Wir hatten eine gedruckte schwarz-weiss Version direkt vom Verlag erhalten. Gute Informationen übersichtlich aufbereitet.

Mapping the Tibetan World
Taschenbuch - 424 Seiten - Kotan Publishing
ISBN: 0970171609
Preis: ca. 61,57 DM
Bewertung: -

Zusammenfassung der Online Bücher Nepal, Sikkim & Buthan (siehe oben) und Ladakh & Zanskar.

Man of Everest
(The Autobiography of Tenzing Norgay)
The Reprint Society (1956)
James Ramsey Ullman
Preis: ca. 15-20 DM
nur über Antiquariat erhältlich
Bewertung: Sehr gut

Informationen über die Lebensweise der Sherpa, die ersten Expeditionen zum Everest und natürlich die Lebensgeschichte des *Snow Tigers*. Begegnung mit dem Dalai Lama sowie Heinrich Harrer. Leben in Darjeeling und Umgebung. Spannende Lebensgeschichte einer außergewöhnlichen Persönlichkeit.

My Land and My People
(The Original Autobiography of His Holiness the Dalai Lama of Tibet)
Taschenbuch - 253 Seiten - Time Warner
ISBN: 0446674214
Preis: ca. 34,26 DM
Bewertung: Sehr gut

In den 70er Jahren verfasste Autobiografie des geistlichen und weltlichen Oberhauptes Tibets. Der Dalai Lama erzählt sehr persönlich seine eigene Lebensgeschichte und die Leidensgeschichte seines Volkes. Erstaunlich an dem Buch ist, dass keine Bitterkeit trotz der durchlittenen Schikanen spürbar wird, und dass es Visionen für die Zukunft Tibets zeigt. Der Text läßt nicht unbeeindruckt, ist sehr informativ und gut lesbar.

The Lhasa Moon Tibetan Cookbook
Taschenbuch - 124 Seiten - Snow Lion
ISBN: 1559391049
Preis: ca. 36,24 DM
Bewertung: Sehr gut

Einfach zu kochen, einfach lecker.

Darjeeling von Dominique Marny
Taschenbuch - 349 Seiten – Lübbe
ISBN: 3404142691
Preis: 14,90 DM
Bewertung: Sehr gut

Romantische Familiensaga am Rande des Himalaya. Leichter Roman für ruhige Stunden. Für Teeliebhaber und Darjeeling Fans ein sehr interessantes Buch, viele Details aus der Kolonialzeit um 1928. Erinnerungen an einen schönen Urlaub werden geweckt.

Der verloren Horizont von James Hilton
Taschenbuch - 197 Seiten - Fischer-TB.
ISBN: 3596109167
Preis: 15,90 DM
Bewertung: Sehr gut

Ein historischer, utopischer Roman aus den 30er Jahren über die Entführung von vier Personen nach Shangri-La. Das Buch passte sehr schön zu unserem Reisegebiet und obwohl es ein paar Längen aufweist, lieben wir es. (Danke Beate)

Are you experienced? von W. Sutcliffe
Taschenbuch - 234 Seiten - Viking Penguin
ISBN: 0140283587
Preis: ca. 24,12 DM
Bewertung: Gut

A hilarious novel of a young man's misadventures in india. Im Gegensatz zu Alex Garland's *The Beach*, werden hier die jugendlichen Spät-Hippies nicht glorifiziert, sondern der Sinn bzw. Unsinn ihrer Handlungen auf exzellente Weise beschrieben. Wer immer schon einmal wissen wollte, was Backpacker den ganzen Tag machen, und ob sie auch ohne DAS Buch auskommen, hier ist die Antwort. Achtung: Hier und da erkennt man sich selbst wieder! Auf der Homepage des Verlages wird das Buch mit Jack Kerouac's Klassiker *On the Road* verglichen, deshalb gibt es nur ein Gut.

In eisige Höhen von Jon Krakauer
Taschenbuch - 389 Seiten – Piper
ISBN: 3492229700
Preis: 19,90 DM
Bewertung: Sehr gut

Eigentlich wollte er für das *Outside magazine* einen Bericht über die kommerziellen Expeditionen am Everest schreiben, doch er wurde Teil der größten Katastrophe die es bisher am Everest gab. Eine packende Geschichte und ein erschreckendes Psychogramm eines Bergsteigers.

Angst im Bauch und Jubel in den Augen
CD - Hörbuch Hamburg
ISBN: 3934120725
Preis: 29,90 DM
Bewertung: Gut

Zwei GEO-Reportagen des bekannten Sachbuch-Autors Wolf Schneider über Gratwanderungen in den Alpen und die Frage, was den Mount Everest zum Gipfel der Versuchung macht; über die Gier nach Ruhm, über Triumph und Enttäuschung. Gelesen vom Autor selbst. Die angenehme Stimme und Sprache des Autors machen die Reportagen zu einem Hörgenuss.

Filme

Himalaya
Die Kindheit eines Karawanenführers
Laufzeit: 104 Minuten (VHS)
Preis: 49,90 DM
Bewertung: Sehr gut

Wer sich darauf einlässt, dem offenbart sich ein Bilderrausch in Cinemascope der seinesgleichen sucht und darüber hinaus eine archaische Geschichte, die bei aller Exotik durchaus universell ist. Der prächtigste Teil des Films verfolgt einen Trek, der von allen Beteiligten das Äußerste verlangt, durch phantastische Bergwelten des Himalaya. Ein Generationenkonflikt 5.000m über dem Meeresspiegel.

Everest - Gipfel ohne Gnade
IMAX
Laufzeit: 45 Minuten (VHS)
Preis: 37,99 DM
Bewertung: Sehr gut

Geplant war ein IMAX-Everest Film und allein wegen der doch sehr umfangreichen Filmausrüstung war dies eine große Herausforderung. Die Ereignisse überschlugen sich dann direkt am Gipfel und es entstand eine beeindruckende Dokumentation des Everest-Drama von 1996. Erschreckend faszinierende Bilder von der Todeszone in IMAX Qualität. Mein Tipp: Nur im IMAX-Kino ein richtiger Genuss.

Hotels

Darjeeling   Dekeling Hotel
51 Gandhi Road, Darjeeling - 734101,
West Bengal, India
Bewertung: Sehr gut

Guter Service, Early Morning Tea, Restaurant im Haus, Gepäckaufbe-
wahrung, familiäre Atmosphäre, Zimmer z.t. mit Blick über Darjeeling,
Lage im Stadtzentrum

Kalimpong   Kalimpong Park Hotel
Rinkingpong Road, Kalimpong - 734301,
West Bengal, India
Bewertung: O.K.

Restaurant im Haus, ruhige Lage etwas oberhalb der Stadt, großzügige
Anlage, nachlässiger Service, etwas zu teuer

Rimbik   Hotel Sherpa
Rimbik, West Bengal, India
Bewertung: Gut

Kleiner Garten mit Wiese, Restaurant im Haus, zentrale Lage, familiäre
Atmosphäre, einfache Zimmer

Gangtok   Hotel Pomra (Mr. Pema Namgyal)
Secretariat Road, Gangtok - 737103,
Sikkim, India
Bewertung: Sehr gut

Ruhige Lage, etwas außerhalb, weit oben am Hang, Restaurant im Haus,
netter Service, familiäre Atmosphäre

Neu Delhi   Hotel Jukaso Inn down town
L-Block, Middle Circle, Connaught Circus,
New Delhi - 110001, India
Bewertung: Gut

Zentrale Lage, Klimaanlage, TV, Restaurant im Haus, Gepäckaufbe-
wahrung, freundlicher Service

»Jeder von uns wünscht, Glück zu erleben und Leid zu vermeiden. Mehr noch, jeder von uns hat dasselbe Recht, Glück zu erfahren und Leid abzuwenden. Wenn Sie akzeptieren, daß alle Wesen in dieser Hinsicht gleich sind, spüren Sie spontan Mitgefühl und Nähe zu ihnen. Aus dieser Einstellung wiederum entsteht eine aufrichtige Haltung der universellen Verantwortung. «

»Die Übung der Geduld ist nicht allein Sache der Religion. Geduld heißt nicht, alle Ungerechtigkeiten einfach hinzunehmen. Geduld bedeutet, mit einer Haltung von Verständnis, Mitgefühl und innerer Ruhe effektive Mittel gegen Unterdrückung und Ungerechtigkeit anzuwenden. «

»Mitgefühl ist seinem Wesen nach friedvoll und sanft, aber gleichzeitig ist es sehr kraftvoll. Mitgefühl ist das Zeichen echter innerer Stärke. Wir brauchen uns nicht einer Religion oder Ideologie anzuschließen. Es genügt, wenn jeder von uns seine guten menschlichen Eigenschaften entwickelt. «

Seine Heiligkeit der 14. Dalai Lama
(Quelle: http://www.tibet.de/)